JULES DAVRAY

L'ARMÉE
DU
VICE

ILLUSTRÉ

DE

NOMBREUX DESSINS

PAR

Nos meilleurs Artistes

PARIS
P. FORT, ÉDITEUR
46, RUE DU TEMPLE, 46

1895

L'ARMÉE DU VICE

PARIS. — IMPRIMERIE FORT, 46, RUE DU TEMPLE.

JULES DAVRAY

L'ARMÉE DU VICE

DESSINS DE NOS MEILLEURS ARTISTES

NOUVELLE ÉDITION

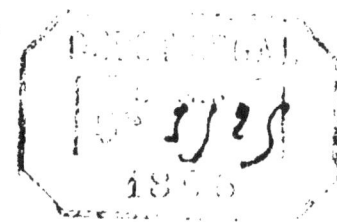

PARIS
LIBRAIRIE FORT
46, RUE DU TEMPLE, 46

1895

Tous droits réservés.

UN MOT

Depuis la publication de « l'*Amour à Paris* » (novembre 1889), je me demande encore, et je me demanderai probablement toujours ce que ce malheureux petit livre peut bien renfermer d'ignoble et de criminel pour avoir déchaîné tant de colères.

Ce pauvre bouquin n'avait pas huit jours d'existence que l'indignation publique se traduisait sous toutes les formes ; articles de journaux bien pensants, plaintes au parquet de la part des *pères de famille*, finalement, saisie de la couverture ! On eut la bonté de laisser le livre, ainsi dépouillé, poursuivre son succès[1]. Le dommage serait minime s'il n'était ques-

---

[1] A la date où j'écrivais ceci, les poursuites n'étaient pas encore décidées.

tion que de l'Amour à Paris; malheureusement, d'autres livres eurent un sort identique.

Si les victimes de l'arrêt qui nous condamna à découvrir nos livres (en décembre!) ont bien compris, on s'en prit moins au livre lui-même qu'à son vêtement. De fait, on ne poursuivit personne, le parquet comprenant qu'il était odieux de traquer un pauvre dessinateur seulement coupable d'avoir mis sur un in-18 ce qu'on trouve à chaque étalage de librairie dans des in-4° ou des in-folio. Nous ne parlons ici que des journaux artistiques, laissant hors de question les immondes productions d'un saligaud déjà condamné à plusieurs reprises pour outrages aux mœurs et pour vol.

Notre regret le plus vif a été de voir des journalistes, des gens dont le métier devrait être d'éclairer les lecteurs qui ont en eux une aveugle confiance; dont ils sont l'opinion; qui devraient défendre les artistes contre la pudibonderie des tartufes de tous genres; notre seul regret a été de les voir applaudir à une mesure qu'ils avaient provoquée, réclamée. En cette circonstance, le Parquet seul, répétons-le, a eu le bon sens de ne donner qu'une maigre satisfaction aux aboyeurs.

Nous avons mis une autre couverture à l'*Amour à Paris*, plus habillée, celle-là, vu la rigueur de la saison et des principes *des pères de famille;* l'Ar-

mée du Vice est équipée, couverte à votre goût; vous ne crierez plus, les gens vertueux?

La femme nue vous effare : vous baissez les yeux, vous passez vivement devant les étalages des libraires où gueule (c'est votre mot) le chœur des couvertures illustrées?

Où allez-vous, courant si vite, hommes vénérables par le grand âge que vous devez avoir? Ne vous pressez-vous tant que pour arriver plus tôt au rendez-vous donné dans la maison de passe connue de vous... et de bien d'autres? Si cela est, vous nous la faites à l'anglaise!... à l'Anglaise de *Pall-Mall-Gazette?*

Mais si vous allez *là*, n'allez-vous jamais au Salon, dites? Il y en a là, des femmes nues, de toutes les tailles et de toutes les couleurs, en marbre, en bronze, en toile peinte, en papier, que sais-je! Il y en a peut-être même en chair et en os, car lorsqu'elles se décollettent, vos mondaines, ce n'est pas pour rire, et elles n'y vont pas de poitrine morte!

Vous ne mettez jamais les pieds dans un théâtre, autre lieu d'étalage de chair nue, endiamantée, pour les spectatrices comme pour les actrices. Vos enfants et vos petits-enfants (car vous avez à votre façon l'art d'être grands-pères) ne vous ont jamais entraînés au spectacle d'une féerie? ou bien à l'acte du ballet, vous avez fait sortir votre *smala* de la loge?...

Et la fée! celle qui *joue* la fée! Vous l'avez sans

doute invectivée parce qu'elle était plus nue que les femmes des couvertures illustrées ; le maillot qui la couvre ou plutôt qui la découvre est d'un beau ton safran, lui aussi, et c'est généralement une dondon de taille respectable... Si respectable que vos injures sont restées au fond de votre gorge et que vous ne vous êtes consolés qu'en tapant plus fort sur la dondon du papier !

Après vos articles fulgurants sur la démoralisante exhibition des produits de l'industrie du livre, j'attends impatiemment, ô logiciens ! vos foudroyantes imprécations sur la décadence des *Petites Annonces* de la quatrième page de vos journaux, tribunes où vous excommuniez du haut de l'article de tête.

Je suis tranquille : vous ne direz jamais rien de désagréable à ceux qui viennent déposer leurs révoltants espoirs le long des colonnes de votre dernière page ; ceux-là sont sacrés de par la caisse du journal !

J'en ai collectionné quelques-unes, ô gens vertueux ! de ces annonces à tant la ligne ; je les tiens à votre disposition ; si vous voulez fulminer encore un peu, vous aurez de quoi, je vous le promets, si votre vertu est sincère !

Laissons cela ! Aussi bien vous représentez sans doute ce que Girardin a nommé l'*Impuissance de la Presse*, et la vue d'une couverture qui *gueule* à l'étalage avec ses femmes nues aux bas noirs et aux mules roses, vous est désagréable pour la seule raison que cela ne vous dit plus rien à vous, les grands-pères de famille; vous n'avez même plus l'amour pour les réalités dont parle Célimène.

Je suis étonné de voir encore aux étalages des marchands d'estampes des gravures du xvıııe siècle comme : *la Comparaison* — *l'Escarpolette* — *la Correction* (je ne cite que trois de ces gravures, il y en a plus de trente dont je puis donner les titres). Mais c'est d'une immoralité révoltante ! Je ne comprends pas qu'on permette l'exposition de pareilles horreurs ! Et les enfants de ces pères de famille dont on souille la vue? Personne n'y pense donc?...

Ah ! voilà ! c'est que ces gravures sont classées, c'est qu'elles sont les reproductions de chefs-d'œuvre d'art, et MM. les grands-pères n'étaient pas là (heureusement) pour déposer des plaintes au parquet ou dans les colonnes des journaux.

C'est qu'en ce temps-là, on était moins bégueule et plus raffiné qu'aujourd'hui, et gaillardement on dédiait ces œuvres légères à de très nobles dames, à de puissants seigneurs qui n'ordonnaient pas la saisie de ces productions.

Comme les œuvres de Vallet, de Roy, sont récentes, et que les seuls gens de goût ont pu les apprécier, vous vous rattrapez et vous tapez dessus avec toute la force d'une hypocrite vertu et les déclarez pornographiques.

C'est bientôt dit et bientôt écrit, mais cela ne suffit pas, il faudrait un peu le prouver. Vous prétendez le faire en criant : « C'est mal dessiné ! » Je

vous parie la somme que vous touchez à la caisse
du journal pour la ponte d'un article vertueux, que
si ces artistes consentaient à illustrer vos œuvres
complètes, vous n'hésiteriez pas à les qualifier dans
vos petites réclames de « hors pairs ».

Tout est là, n'est-ce pas ?...

5 Décembre 1889

PLAIDOYER PORNOGRAPHE[1]

Lorsque j'écrivais les lignes qui précèdent, je ne supposais pas, je ne pouvais pas supposer que le Parquet poursuivrait les couvertures illustrées, leurs dessinateurs, leurs éditeurs, leurs vendeurs !...

Les magistrats ont agi comme il leur semblait juste d'agir, c'est aux avocats des prévenus à défendre leurs causes, et le talent déployé par eux m'est un sûr garant du résultat final des procès entamés.

Je veux, non pas plaider à mon tour, ce serait de l'outrecuidance, à côté des maîtres; je veux simplement envisager la question en honnête homme épris

[1] Je dois rappeler au lecteur que le mot *Pornographe* n'a pas toujours été défini de la façon actuelle, c'est de l'ancienne façon, la bonne, que nous l'employons ici.

des choses d'art que les pères de famille condamnent, pour lesquelles je réclame la liberté entière, absolue.

Un des avocats a dit, au cours de sa plaidoirie : « D'honnêtes gens peuvent apprécier différemment une même œuvre d'art. »

Qu'il me pardonne, mais je ne suis pas absolument de son avis.

Pour qui voit clair, pour qui voit juste, droit honnête, une œuvre d'art est une œuvre d'art et n'a pas de côtés obscènes.

N'en a pas, non, messieurs les *pères de famille*. Car

C'est à vous, s'il vous plait, que ce discours s'adresse!

A vous et à la presse qui a cru devoir réclamer pour les prévenus la sévérité du tribunal.

A la presse je dirai ce que je pense tout à l'heure, je veux d'abord en finir avec les *pères de famille*.

C'est à ces dignes gardiens de la vertu bourgeoise que je viens demander une définition exacte, précise, de l'obscénité.

Que ce grand artiste de Chéret me pardonne, mais je dois avouer aux *pères de famille* que ses délicieuses compositions m'ont souvent fait rêver tout éveillé !

Ah ! papa ! posséder une divine créature comme

celle que dessine l'auteur de l'affiche de Pti-Mi !!! et mourir !

Et la petite femme de l'*Écho de Paris*, du même ? Tas de pères de famille, je vous en souhaite de pareilles, vous ferez souche de gaillards conçus dans une autre joie que celle.....

Je m'entends !

Ce n'est pas après l'exposition des œuvres de Chéret, alors qu'on a réclamé pour lui (si justement !) la croix de la Légion d'honneur, que je m'en vais faire à mes contemporains, fussent-ils *pères de famille*, l'injure de dénombrer les chefs-d'œuvre sortis de son crayon ; et je ne parle pas de ses couvertures de livres, je laisse de côté l'*Amant des Danseuses* et *Lulu*, je ne vous offre à méditer que les affiches de ce maître !

Méditez, mes Pères, méditez !

Et n'interrompez vos méditations que pour feuilleter le *Courrier Français*, la *Vie Parisienne*, le *Journal Amusant*, le *Petit Journal pour rire*, la *Caficature*, etc., etc., et dites-moi si les dessins, accompagnés de légendes ici, vous conviennent et sont à votre goût austère ! Prenez la rue elle-même maintenant, c'est là qu'à mon sens vous trouverez l'obscénité, et autrement pernicieuse pour ceux que vous voulez protéger, que les couvertures et les dessins qui vous effarouchent tant ! le raccrochage incessant, l'offre constante que vous trouvez à chaque pas, vous oblige à vous réfugier dans une brasserie : elle est servie par des femmes court vêtues ; vous allez au café-concert, on chante *la Clarinette de Suzette,* le *Bouton de Rose,* le *Manchon de Fanchon* ; vous entrez au théâtre, on joue *les Boulinard, Nos Jolies Fraudeuses, Les Vieux Maris* ; après vos yeux, vos oreilles !...

Nous sommes donc en pleine décadence ?

Et pour un de condamné, en retrouverons-nous cent de tolérés abusivement ?

Pauvre père de famille, que n'as-tu encore ton père ! Ce beau vieillard hausserait les épaules et rirait de pitié, te mépriserait même un peu, peut-être, à te voir aussi empressé à étayer de ta forte indignation l'édifice chancelant de la morale publique.

— Mon enfant, serait-il en droit de te dire, j'en ai vu bien d'autres, et ce que j'ai vu n'a pas abattu le temple que tu soutiens si vigoureusement aujourd'hui.

Il est encore debout, en effet, le temple de la morale, et ses murs retentissent des clameurs indignées de prêtres nouveaux, de journalistes pudibonds.

Je ne comptais pas trouver là ces Messieurs, je ne pensais pas les y voir surtout affublés des ornements sacerdotaux, je ne les reconnaissais pas parmi les officiants.

Jadis (ce temps est déjà bien loin de nous!) lorsqu'une question d'art divisait les seuls artistes dont elle relève, on la vidait entre soi, et les jugements prononcés avaient une force implacable, celle de la sincérité.

Aujourd'hui, on saisit le prétexte d'une criaillerie anonyme pour menacer le pouvoir de l'indignation de *tous* les honnêtes gens, et on transforme et déforme toutes les questions au bénéfice d'une politique qui n'a rien à voir à l'affaire.

C'est au nom de *tous* les honnêtes gens qu'on dénonce le livre qui ne devrait relever que d'un tribunal de lettrés, et les honnêtes gens sincères ont beau protester, jurer qu'ils ne sont pas scandalisés du tout, on leur clôt brutalement les lèvres, on leur répond :

— Vous êtes des plumes d'oie et vous devriez rougir de votre conduite! Oser défendre un livre abominable qui...

Et les honnêtes gens, pas les premiers venus parmi les plus honnêtes, s'il vous plaît! mais bien les plus inattaquables entre tous, des noms respectés, glorieux, des noms gravés dans les mémoires par de longs, de patients efforts, par une vie tout entière vouée au travail et à l'art, ces honnêtes gens courbent le dos, se taisent, abandonnent la timide défense de l'accusé de peur d'être, le lendemain, pris à partie à leur tour !

— C'est ignoble ces couvertures de livres aux étalages des libraires ! Pourquoi ne poursuit-on pas cela ?

Le parquet poursuit.

— Ah. Vous poursuivez maintenant? Il est bien temps ! Ça sera toujours la même chose, carabiniers d'Offenbach !

Le couplet chanté, on passe à un autre.

— Il y a eu, dit-on, des plaintes déposées.

— Émanant de qui ?

— De pères de famille!

— Où sont-ils ?

— Anonymes !

On ne les voit pas; c'est un chœur dans la coulisse.

Chef des chœurs?

Je ne puis m'empêcher d'éprouver une grande tristesse en constatant que le grelot a été attaché par un écrivain de talent, qui a dû, j'en suis convaincu, regretter le premier, et sans qu'il fût besoin de lui en signaler les désastreuses conséquences, l'article railleur qui a mis le feu aux poudres, et aussi au derrière des pères de famille dénonciateurs.

Et si je plaidais devant lui, je suis certain que j'aurais gagné ma cause en lui citant un père de famille bien connu de lui, certes, qui comprenait l'éducation des siens autrement que nos bourgeois actuels!

Mais il fut suivi sur le terrain de la pudibonderie par des gens de plume moins légers de touche, qui crièrent très fort, accusèrent le Parquet de tiédeur, menacèrent le gouvernement de l'intervention du général Boulanger s'il ne se pressait d'agir.

Et, chose bizarre, c'est au lendemain de la victoire du gouvernement sur l'opposition que le ministre de la Justice obtempéra à ces injonctions !

Pourquoi ?

(Si j'étais seul à constater le fait, j'admettrais une controverse, une réfutation ; d'autres écrivains ont fait la même remarque et se sont étonnés comme moi ; libre à chacun de répondre.)

Pour moi, je ne veux que constater ceci : La presse est chaste, la presse a monté son collet, la presse est vertueuse.

Aux dépens de qui ?

De l'art !

En effet, qui pourchasse-t-elle dans ses réquisitoires avant le Parquet ?

Des dessinateurs de talent, des auteurs de talent, des éditeurs honnêtes, des libraires coupables d'avoir étalé, vendu des livres chez eux mis en dépôt par les éditeurs.

Incrimine-t-elle les productions ignobles qui n'ont du journal que le nom, qu'on voit s'étaler librement à toutes les devantures, à tous les kiosques ?

Non !

Pourquoi ?

Si je pouvais le dire, je pourrais dire aussi pourquoi on poursuit M. X... et pas M. Z..., qui, à mon sens, est aussi coupable, s'ils le sont l'un et l'autre. La question n'est pas là.

Elle est plus haut, et j'abandonne cette partie mesquine pour faire ressortir plus vite et plus complètement le préjudice que porte à la production artistique contemporaine l'institution qui pouvait le mieux prendre ses intérêts.

Nous avons donc trop de talents à notre service que nous rêvons d'en supprimer par voie de répression autant qu'il nous sera possible de le faire?

Il y a donc trop de Chéret? trop de Willette? trop de Roy? trop de Vallet? etc, etc.

Non, n'est-ce pas?

Eh bien, j'ignore si Chéret et Willette consentiront encore à vous faire des dessins, mais je sais que Roy s'est voué, s'il réchappe des poursuites, à l'illustration des livres de sainteté, et que Vallet feint désormais d'ignorer qu'il existe des femmes autrement que très habillées !

C'est ce que vous vouliez? Vous voilà servis !

Mais alors, dites-moi : qui va nous faire ces petits chefs-d'œuvre d'art avec lesquels nous aimions à récréer nos yeux, aux heures de lassitude, de dégoût de la vie morne et plate que nous menons presque tous ; chiens actifs à tourner la broche d'un rôti cuisant pour de plus malins que nous?

Je vous entends! On nous les fera très habillés,

comme le veut Vallet; mais moi je les aimais court vêtus, par tradition!

Court vêtus comme les Fragonard contemplés sur les quais lors de mes longues promenades.

Court vêtus comme les Lawrence qui leur tenaient compagnie dans les vitrines des marchands.

Court vêtus... vous m'en voudriez de vous énumérer les chefs-d'œuvres du xviiie siècle que le temps a respectés, que la gravure a reproduits, que nous admirons tous et que vous devez condamner, si vous êtes logiques.

Eh bien, vous le serez malgré vous, vous réclamerez la suppression du chef-d'œuvre pour cause d'outrage à la morale publique, vous défendrez la pudeur des jeunes bourgeois contre les atteintes des jeunes artistes et vous rebuterez ceux-ci qui s'inspiraient d'illustres devanciers, n'aspiraient qu'à devenir leurs humbles successeurs (sans aucune idée de spéculation, les pauvres!) jusqu'au jour...

Jusqu'au jour où vos quatre pages seront vouées à l'immortel Géraudel, où vos colonnes seront dédiées à la pâte Regnault, où enfin vous dissimulerez vos ironies dans la prosodie du Congo!

Car c'est là où vous attendent vos victimes, c'est là où vous aboutirez, à la suppression d'une liberté si mal employée.

Vous regimbez déjà, parlant pour vous; vous criez très fort, et la loi liberticide vous guette implacable, inéluctable, vous le savez.

Consolez-vous; pour pleurer vous aurez des gilets, ceux des dessinateurs, des auteurs, des éditeurs renvoyés devant la 9e chambre correctionnelle — grâce à vous.

Et ce sera justice! comme on dit au Palais!

PREMIÈRE PARTIE

L'ARMÉE DU VICE

I

Ces Dames. — Protecteurs et Protecteurs, — Splendeur et misère.

L'esprit n'est pas seul à courir les rues; un de ses compagnons les plus habituels, le vice, tient souvent toute la place sur le trottoir et force l'honnêteté à prendre la chaussée afin d'éviter son contact; encore cette chaussée est-elle maintes fois encombrée d'équipages brillants aux harnais luxueux, aux ressorts moelleux dans lesquels se prélasse le vice, toujours.

Dans cette rapide étude nous espérons donner à nos lecteurs une idée précise de ce qui forme les contingents de cette innombrable armée; des chefs, des étoiles, des sommités, enfin de tout ce qui est arrivé à la force du ventre sinon du poignet ; nous descendrons aux humbles et sordides troupiers croupissant dans la boue noire et fétide des bouges où s'ébat le vice misérable, trouvant dans son exercice à peine de quoi remplir ce pauvre ventre si travailleur hélas ! qui porte à lui seul le poids des maigres affaires, chargé de faire vivre sa propriétaire toujours en ménage avec un souteneur affamé, assoiffé aussi, le plus dur, le plus exigeant des deux, allant jusqu'à frapper à coups de pied la partie la plus active, qui n'en peut mais !

L'État-Major, coté à haute, très haute cote, fantaisistement blasonné, sérieusement diamanté, est formé en majeure partie de très médiocres cabotines tourmentées de la gloire des planches et y montant surtout parce qu'elles savent qu'elles y pourront déployer tout le luxe de leurs beautés, les exhibant à toute une salle, réservant le toucher aux intimes de la coulisse; elles savent aussi que là se tient le marché le plus cher, où les choses acquièrent d'autant plus de valeur qu'elles sont mieux présentées et à une plus grande clientèle. Le rôle importe peu, le meilleur est celui au maillot le moins couvert.

Le rôle joué, les amants trouvés, l'artiste de rencontre quitte la scène, sauf à y revenir plus tard tenter une nouvelle fortune.

Sa vraie vocation c'est la fête dans toute sa splendeur avec changements de protecteurs et de domiciles, allant des petits hôtels — oh! leurs rêves! — à l'entresol plus modeste; de l'entresol à la ville de province où la plus sage termine une vie galante bien remplie de soupers, de bals, de toutes les fêtes que l'oisiveté remuante sait inventer pour charmer les loisirs des jours et des soirs — en attendant les nuits vaillantes.

L'hiver se passe à Paris, avec la saison de Nice comme entr'acte; le Grand-Prix couru, les malles s'emplissent et l'on part à la mer, aux eaux, en excursions suivant le caprice, le goût, la mode de l'année; c'est parfois le moment choisi des ruptures... Elle s'en va seule dans l'espoir de trouver dans ses voyages une nouvelle passion pour remplacer celle envolée. — Hélas, le rastaquouérisme fleurit mieux l'été, dans les relations de campagne, et les lapins pullulent ; — mais il n'est pas possible de rester à Paris l'été, la réputation d'une horizontale a ses exigences.

On revient avant les protecteurs que les devoirs mondains retiennent dans les châteaux, en famille, pour la chasse — c'est l'époque du guerluchonnage effréné — puis, l'hiver revenu, la vie reprend son cours de fêtes, de soupers, de théâtres. Ces pauvres femmes suivent l'existence des vraies mondaines sans avoir la compensation de celles-ci à leur fatigue. — Au moins la femme du monde couche seule quelquefois.

Mais aussi on est de l'État-Major dont la notoriété balance celle des maisons les plus citées. Il en est d'aussi jolies qui s'en tiennent à un rêve plus modeste, se contentent d'un luxe douillet, seyant à leur genre de beauté pas tapageuse, préfèrent, une fois la main mise sur l'homme rêvé, s'enrichir lentement mais sûrement et ne pas courir la chance douteuse des fêtes continuelles avec leurs brusques ressauts qui désarçonnent les meilleures monteuses.

Monteuse de cou celle-là : elle persuade son seigneur que la noce ne vaut rien à l'estomac d'un homme du monde ; il ne se range pas, elle le range, se fait indispensable à ses vices et à sa santé, lui prépare chaque soir la tisane bienfaisante, jette dans la tasse, discrètement, la drogue excitante nécessaire au réveil des sens paresseux.

Au sortir d'une liaison, il reste à cette prévoyante autre chose que le souvenir : elle ferme le compte courant de l'amant et passe par profits la somme assez ronde qu'elle a su acquérir — salaire des soirées tranquilles, passées sous la lampe à la lueur paisible, rémunération des nuits enivrantes qu'elle savait embellir encore par sa science profonde de la volupté — argent bien gagné qui lui permet d'envisager l'avenir avec des yeux sereins, un sourire confiant : ses vieux jours sont assurés.

Elle devient rare, la femme galante sachant

faire un intérieur à l'amant revenu des fêtes turbulentes ; il faut maintenant — voyez *Mensonges* — la recruter dans le monde même, dans le vrai monde, et celles de ces dames qui y consentent ont des prix si élevés que toutes les bourses n'y peuvent atteindre.

La diffusion des fortunes, la rapidité avec laquelle elles s'effondrent en ces temps de cracks de tous genres, et aussi la pingrerie naturelle aux gens de fortune récente, ont créé la commandite pour ces dames; j'entends la commandite reconnue, admise, l'autre, celle que fondent souvent par leur seule adresse les entretetenues, exista de tous temps.

On a aujourd'hui une part d'horizontale comme on a une part d'actions; en arrivera-t-on à libérer la première et à l'offrir comme on offre les actions — en échange d'un service ou d'un emploi honorifique?

Il est impossible de dépeindre complètement, avec anecdotes à l'appui, le genre de vie que mène l'État-Major de l'armée du Vice: il faudrait pour cela citer tel nom, décrire tel hôtel, tel boudoir... et se voir ensuite traîner sur le banc d'infamie par ces dames, car aucune d'elles n'acceptera d'être incorporée dans cette armée; elles sont semblables en cela à une de leurs inférieures qui s'écriait :

— Je veux bien me traiter de vache, mais je ne veux pas qu'on me le dise.

C'est tout au plus si elles consentent à accepter les noms si doux sous lesquels on les désigne aujourd'hui.

La situation acquise est assez facile à conserver jusqu'à un certain âge, notez que je ne dis pas jusqu'à un âge incertain; il est de ces dames qui firent les beaux jours du second Empire et qui font encore les belles nuits de la troisième République.

A quel enchanteur doivent-elles le secret de paraître toujours jeunes aux yeux éblouis des générations qui se succèdent à leurs genoux?

Le philtre est commun, bien que toujours efficace, la bêtise humaine suffit à ces dames pour les maintenir au rang qu'elles ont acquis; la mort seule les fera oublier, mais avant de succomber elles auront lutté bien longtemps!

Elles savent si bien appliquer le dicton :

> Où le père a passé, passera bien l'enfant!

Un peu de prévoyance est souvent nécessaire à celles qui veulent résister; le luxe qui les pare est l'ingrédient indispensable à l'assaisonnement d'une beauté dont on n'aperçoit plus que le vestige; si le luxe s'évanouit, le fantôme fait place à l'affreuse réalité, le sceptre de la galanterie fait presque instantanément place au balai de bouleau, au cordon de la loge.

Adieu paniers! il ne reste plus à la courtisane déchue qu'à faire danser l'anse de celui qui contient les provisions pour la cuisine.

Dans les demoiselles de la haute noce il se rencontre une catégorie qui n'a pas même la fidélité relative des horizontales de marque— de marque, sans doute parce qu'elles sont marquées au chiffre de leur propriétaire, comme son linge et sa vaisselle? — Dans les petits théâtres, dans les entresols, dans les endroits réputés, on en trouve qui, pour un chiffre raisonnable, consentiront à tromper l'amant en titre et à figurer pour un soir dans une fête intime soit en tiers dans un ménage qui ne sait plus se suffire à lui-même, soit comme quatrième dans une partie carrée, soit encore simple partenaire dans un duo unique et passager — de passager on fait passe, c'est ainsi que la dame appelle le service qu'elle rend à un assoiffé d'amour rapide, dans une maison choisie dont la propriétaire est sa providence dans les jours difficiles. Celles qui usent le plus fréquemment de ce moyen d'augmenter leurs ressources n'appartiennent pas toujours à l'État-Major, elles n'ont guère que des grades inférieurs, elles nous serviront de transition pour arriver à l'humble soldat.

« — Ils sont trop ! » s'écriait un grenadier de l'Empire. Celles-là ne sont pas moins ; triste armée sans cesse en bataille, sans espoir de jamais vaincre, recommençant chaque soir la mêlée ; souvent chargée par un ennemi impitoyable

1.

qui malmène les prisonnières, heureuses encore si elles s'en tirent avec quarante-huit heures de Dépôt. Quand aux blessées..., un repos salutaire et administratif leur permet de rentrer bientôt dans le rang et de combattre à nouveau.

Dès la tombée de la nuit, la campagne commence, les embuscades se dressent; les éclaireurs, reconnaissables à leur démarche traînante, au déhanchement invétéré, s'en vont faire le guet et la lutte s'entame; le passant sollicité, frôlé, capté, doit céder, sinon les injures, les menaces pleuvent; bien heureux si jugé de prise douteuse il peut s'éloigner sans encombre; le malheur veut-il qu'il inspire confiance, l'araignée du soir l'enlace, donne au souteneur prévenu le temps d'arriver... et promptement on l'assomme, on le dépouille, et s'il a le mauvais goût de témoigner par ses cris autre chose que de la satisfaction, les couteaux ne sont pas faits pour seulement peler des pêches.

Ne soyons pas si noir, bien qu'encore fréquent ce tableau l'est moins que cet autre :

Boulevards extérieurs huit heures du soir à

une heure du matin, hiver ou été, au choix.

Des femmes vont et viennent par groupes, dans un espace restreint; elles causent de la dureté du temps, de la rareté du client, de son avarice, de ses exigences, du marlou et de sa jalousie... Un miché probable s'avance, les femmes se séparent, l'une d'elles attaque :

— Viens-tu, beau garçon ? je suis très polissonne.

— Pas ce soir, j'ai pas le rond.

— Mais si, t'as bien deux francs ?

— J'te dis que j'ai pas le rond !

— Voyons, t'as trente sous !

— P't-être pas !

— Viens tout de même, fait la femme qui a compris; c'est un râleur, elle en tirera ce qu'elle pourra.

L'autre, sa compagne restée seule, bat l'asphalte d'un pas plus rapide, chantonne pour se distraire en attendant le retour de la travailleuse.

Dix minutes se passent, elle se rejoignent.

— Combien ?

— Quarante sous, ma chère, et avec ça exigeant

comme tout. C'est épatant, ces cochons-là faudra bientôt turbiner à l'œil! Allons boire un punch, dis?

Elles s'éloignent, bientôt rejointes par un homme qui fond sur elles, cogne sur celle qui sort du *turbin* comme elle l'a dit, lui prend la *braise* et s'en va en proférant des menaces terribles.

— J'te crève si tu bouges du bitume! s'pèce de feignante.

Pleurante, décoiffée, la figure rougie par la *bâfre*, la femme se remet à sa promenade, résignée, elle sait qu'il n'y a pas de rébellion possible, c'est son homme, il a tous les droits. Au reste, il la protège contre tous ceux auxquels il prendrait la fantaisie de le suppléer dans la distribution libérale des *gnons*.

Pauvre soldat! voilà son sort! à peine une boule de son péniblement gagnée, son protecteur à lui, à l'encontre de ceux des gradés, lui dévore, lui boit tout, lui laissant à peine de quoi suffire à l'entretien de de ses haillons, tandis qu'il guette patiemment chez le troquet, contrôlant ses passes, venant à la caisse aussitôt qu'il la voit réapparaître.

Il y a bien la caserne, autrement dit le bordel, mais alors elle ne serait plus libre !...

Le souteneur, dont nous nous occuperons d'une manière plus étendue tout à l'heure, est d'institution aussi ancienne que la fille. Nous ne voulons pas faire d'érudition à coups de bouquins remués à tort et à travers, en tirer des citations tronquées ou dénaturées, comme se le permet l'auteur de plusieurs études de ce genre, où l'inexactitude le dispute à l'imbécilité; nous ne donnerons pas au lecteur la monographie fastidieuse du souteneur depuis les temps les plus reculés jusqu'à nos jours.

Constatons seulement qu'il existe, c'est suffisant; constatons aussi que le supprimer serait chose presque facile si l'autorité montrait à son égard une rudesse dont personne, sauf, les intéressés, ne saurait la blâmer.

Peu de femmes échappent à la loi du souteneur, surtout dans les quartiers excentriques, celles qui ne se prostituent que le soir, après leur travail, ont parfois pour protecteur un individu dont la manière de voir est semblable à la leur : c'est un ouvrier économe, peu buveur, évitant les querelles, les batailles, n'intervenant auprès de sa *marmite* que dans les cas extrêmes... Ils finissent par s'épouser et s'établir avec les fonds recueillis pendant les années de travail.

II

Les proxénètes. — Les Mémoires d'un vieil abonné.
Un lancement.

Le recrutement s'opère de différentes façons dans les trois classes de l'armée du Vice ; tandis qu'il suffit au simple soldat de descendre dans la rue... et d'exercer, l'enrôlement demande plus de formalités dans le clan des horizontales. Il ne suffit pas d'être jolie — il n'est même pas nécessaire de l'être extrêmement — pour faire partie du corps spécial si judicieusement dénommé « Bataillon de Cythère » par les annalistes de ce bataillon ; un peu, un tant soit peu de vivacité dans l'esprit, un minois pas par trop banal, une taille avantageuse et surtout beaucoup de belles relations, voilà tout ce qu'il faut à la postulante qui aspire à devenir une étoile de la galanterie.

Que le hasard — surtout favorable à ces dames — veuille qu'elle tombe sur un bon garçon suffisamment pourvu de ce qu'on nomme le nerf de la guerre, et le lancement de l'étoile aura lieu dans des conditions permettant d'espérer une longue suite d'amours productives.

Ces rencontres n'ont cependant, pas lieu au coin des rues, il y a presque toujours un trait d'union qui apparaît au moment propice, sous la forme d'une proxénète.

Dans une étude sur la Prostitution, publiée en 1872, M. Lecour, ancien chef de la première division à la Préfecture de police, écrivait les lignes suivantes :

« Les plus habiles proxénètes dissimulent leurs manœuvres sous l'exercice apparent d'une profession où l'on emploie des ouvrières. Par l'enseigne, elles sont couturières ou modistes. Dans la maison, la mise en scène est complète, il y a des étoffes, des travaux en train. En réalité, c'est un lieu de débauche où, sous prétexte d'un travail lucratif, on entraîne des jeunes filles qui ne tardent pas à se prostituer... « Il y a encore les tapissiers qui installent des filles dans des appartements loués, meublés par eux, et qui touchent un prix de location quotidien destiné à former un prix de vente après complet payement... « Que de types, depuis la marchande à la toilette encore misérable, tendant la main pour recevoir le prix de son ignoble accointance, ou prêtant, moyennant loyer, quelques pauvres accoutrements à une prostituée du ruisseau, jusqu'à l'opulente proxénète qui peut, en un clin d'œil, transformer en une fastueuse courtisane la fille indigente qu'elle a corrompue et à laquelle elle vendra ou louera pièce à pièce et à des prix fabuleux, son linge, ses vêtements et ses meubles ! »...

Ces dames ne peuvent malheureusement pas se passer de cet horrible intermédiaire, souvent encore moins laid de figure que d'âme, et ce n'est pas peu dire ! mais enfin puisque la réussite est à ce prix !... L'installation a lieu en grande pompe, et il y a présentations aux collègues, réceptions, etc...

Entre elles, ces dames de la haute noce se jalousent âprement. On trouverait encore, en cherchant bien, quelques exemples de solidarité dans la masse des filles publiques, qu'il est impossible d'en citer un dans le bataillon de Cythère. Un point de ressemblance plus rapproché entre les deux clans, c'est l'amour du duel à coups de poing — pugilat. Il arrive fréquemment que deux cœurs s'éprennent à la fois de la même moustache, brune ou blonde ; le résultat ne se fait pas attendre : une rencontre a lieu dans laquelle ces dames mettent de côté leur maintien, leur dignité, leur fraîche noblesse même, enfin tout ce qu'elles ont pris de factice à la fréquentation des hommes du monde, et au galop le naturel ! les chignons voltigent, les dentelles jonchent le pavé, les griffes s'implantent dans d'adorables minois qui devront rester quelques semaines cloîtrés avant de reparaître sur la scène parisienne; dans ces batailles, la femme apporte toute la somme de traîtrise dont elle dispose, cherche à frapper au point vulnérable, calculant la portée d'un coup qui puisse atteindre l'adversaire dans le plus délicat des ouvrages avancés.

Nous assistâmes un soir à une de ces batailles dans les coulisses d'un café-concert ; deux de ces dames, en toilettes de scène, se précipitèrent l'une sur l'autre après épuisement complet du vocabulaire ordurier. La plus faible, fouettée devant tous, s'acharna sur son ennemie et lui arracha avec ses ongles de longues traînées de peau sur les seins — la condamnant ainsi à chanter pendant près d'un mois en corsage fermé ! Deux chanteuses !... venez donc dire après cela que la musique adoucit les mœurs !... c'est possible, mais les bonnes seulement alors?

Il n'y a pas d'exemple de confraternité, entre ces dames, disions-nous, il n'y en a pas non plus d'un lancement opéré par elles lorsqu'elles ont encore l'âge de travailler pour leur compte; cela se comprend à la rigueur : elles ne trouvent jamais qu'elles ont trop d'amants, l'ouvrage ne les effraye pas, et si elles ne sont pas encore parvenues à l'âge de prendre rang parmi les proxénètes, elles gardent pour elles les aubaines qui peuvent leur tomber.

Ce qui les perd, parfois, c'est l'impudence avec laquelle elles affichent leurs amants de cœur — guerluchons en langage moderne ; — d'aucunes mettent une certaine ostentation à produire l'élu de leur choix ; celui-ci n'appartient pas toujours à la dernière classe de la société, ce n'est pas toujours un cocher ou un palefrenier, c'est parfois même un homme du meilleur monde, aux grandes manières, à l'allure pleine de distinction ; seulement, ce qui l'auréole aux yeux de la dame, c'est son absence complète de fonds ; c'est que c'est un pique-assiette mondain, qui va piquer jusque dans... l'assiette de l'amour, aux frais des autres ; en un mot, il ne casque pas ! Ce guerluchon-là finit souvent par un mariage d'amour avec une rôtisseuse de balais hors d'âge.

Il en est d'autres de condition plus infime,

encore honorable, énamourés d'une dame dont l'entretien est hors de la portée de leur bourse ; ils obtiennent des entrées de faveur, ne paient que le droit des pauvres, c'est-à-dire les menues dépenses, et souvent avec ces menues dépenses ils pourraient avoir à eux presque seuls une charmante maîtresse ; mais le cadre serait moins brillant, moins doré, moins parfumé !

L'amant de cœur est une chose si nécessaire à la femme dont l'amour est le métier, qu'une d'elles répondit à son protecteur, dans une scène de jalousie provoquée par son inconduite :

— Mon cher, je ne veux pas avoir l'air de m'élever au-dessus de ma position.

Il en est parmi ces dames qui se reposent des fatigues de l'amour payé entre les bras de personnes de leur sexe, de celles-là leurs propriétaires ne sont pas jaloux, ils savent que le goût particulier de leurs maîtresses les préserve d'une infidélité masculine, leur seul regret est d'être exclus des petites fêtes de l'amour lesbien.

Qui ne connaît le célèbre roman de Belot : *Mlle Giraud, ma femme?*

Une histoire récente semble un épisode tiré de ce livre si osé, mais si vrai. Mathilde B..., moins intransigeante que l'héroïne de Belot, cumulait les fonctions d'entretenue auprès du vicomte de R... et la marquise de la N..., une entichée de noblesse, quoi! Elle avait pignon sur rue, chevaux à l'écurie, diamants, etc., tout ce qui constitue le luxe *nécessaire* à ces dames.

Adroite, fine, jamais ses deux protecteurs n'avaient rien soupçonné et ce doux commerce aurait sans doute longtemps prospéré si une infâme, égarée par la jalousie, ne s'était avisée de dénoncer la chose au vicomte dans une lettre aussi détaillée qu'anonyme ; détaillée, mais pas assez cependant pour que le vicomte ne crût avoir affaire à un individu de son sexe.

En proie à toutes les fureurs de la jalousie, le malheureux berné voulut se convaincre davantage de son malheur. La lettre indiquait d'une façon précise le lieu du rendez-vous ; il épia, vit son adorée pénétrer dans un immeuble qu'en

Parisien consommé il savait être une maison de passe. En proie à une rage froide, il se contint ; pénétrant quelques instants après sa maîtresse (il voulait le grand jeu du flagrant délit), il corrompit une domestique et se fit ouvrir la porte de la chambre où se trouvait enfermée la dame en compagnie de la marquise.

Pénétrant brusquement dans la pièce, le sourcil froncé, sa main caressant la crosse d'un mignon revolver qu'il avait emporté à tout hasard, il s'élança... et dut faire un violent effort pour éviter de déranger en tombant dessus l'harmonie d'un tableau . . . .

. . . .

Sa fureur s'éteignit immédiatement et ce fut le sourire aux lèvres, le chapeau à la main, dans un salut correct, qu'il adressa à ces dames le plus gracieux des :

— Ne vous dérangez pas, je vous en prie.

Mais, chose inattendue (il était écrit que la scène tournerait au tragique), la marquise se redressa d'un bond et, devinant la situation en partie double de sa maîtresse, elle tomba sur la pauvre fille et lui administra une de ces admirables paires de gifles qui font tourner les têtes les plus solides.

Il fallut que le vicomte exhibât le fameux revolver pour obtenir un peu de tranquillité de la part de la noble dame, qui se soulagea alors par une bordée d'injures dignes de ses aïeux qui avaient acquis la fortune à laquelle elle doit son titre en criant dans les rues :

— Ferraille à vendre !

Il ne faudrait cependant pas trop blâmer ces malheureuses filles de chercher un remède à l'ennui qui les ronge « au sein de leurs plaisirs », dirait la chanson, hors de la compagnie d'individus d'une condition autre que la leur, d'une éducation supérieure à celle qu'elles ont reçue, quand elles l'ont reçue.

L'exemple leur est donné par les dames de ces messieurs qui n'hésitent pas toujours à provoquer de jolis scandales mondains en prenant la fuite le plus souvent avec un chevalier du crottin, parfois avec un autre de leurs domestiques.

Qui n'a présente à la mémoire la disparition d'une jeune baronne avec un cocher... d'omnibus! La baronne s'était lestée de quelques billets de mille, le mari prit mal la chose et déposa une plainte. Rattrapés, ce fut le malheureux Don Juan du fouet qui paya le plus cher : il fut condamné comme complice de vol! Voilà ce que c'est que de ne pas savoir se conduire... quand on est cocher...

Nous avons dit précédemment que la femme entretenue comme l'entendaient et l'entretenaient nos pères, n'existe plus; ce type de femme a suivi la grisette et disparu avec elle. Il existe encore cependant une catégorie de femmes qui ne sont ni des horizontales proprement dites, ni des filles publiques, et qui vivent cependant de la prostitution; elles ont un ou plusieurs amants à la fois, mais cette prostitution a lieu d'une façon si discrète, que les femmes qui s'y livrent ne donnent prise qu'à une chronique peu intéressante. Leur recrutement a lieu de la même manière que pour les précédentes et, là encore, la proxénète mène les négociations. Elle exerce dans les coulisses des petits théâtres, auprès des figurantes, dans la vie privée auprès des femmes mariées qui dévoient, des veuves que la mort du mari a jetées d'une situation opulente à la demi-misère. Nous ne saurions donner au lecteur de plus amusants tableaux de proxénétisme, — et maternel encore, — que ceux que nous cueillons dans un spirituel ouvrage sur *ces Demoiselles de l'Opéra*, signé par *un Vieil Abonné :*

« Un riche étranger avait envoyé à un *petit sujet* une voiture et deux chevaux. La mère de la ballerine lui adressa le billet suivant :

« Mon cher Monsieur,

« Quand on veut faire cadeau à une *jeunesse* pauvre d'un équipage et de deux chevaux, on les lui fait parvenir sous enveloppe. »

Les mères des danseuses, — écrit le spirituel abonné, — commencent à ne plus ressembler à ces mamans improbables et fantastiques des vaudevilles de Théaulon et de Bayard,— avec leurs châles de barège usés, leurs chapeaux de paille brûlée et leurs sacs antédiluviens, — ventrues comme des courges ou ridées comme des pommes sèches.

Un gentleman faisait la cour à une des notabilités du premier quadrille.

Celle-ci, après bien des hésitations, consentit enfin à souper en sa compagnie dans un cabinet des plus particuliers.

— Seulement, ajouta-t-elle, je vous avertis que je serai obligée d'amener maman; sans cela elle ne me laisserait pas venir.

Grimace de l'amoureux, qui fit cependant bonne contenance, tout en murmurant à part lui :

— J'en serai quitte pour me débarrasser de la brave femme à un moment donné.

On soupa donc... à trois, — l'amphitryon prenant à tâche de faire boire la matrone le plus possible.

Au dessert, tout le monde était gai.

— Voici l'instant de renvoyer la vieille, se dit

le galant; mais, sacrebleu! comment m'y prendre?...

Comme il cherchait un moyen et une formule, la mère se pencha tendrement à son oreille :

—A présent, proposa-t-elle, si nous renvoyions la petite?...

Après les mères, les pères, et toujours d'après le *Vieil Abonné!*

Mlle F... S..., un petit *sujet*, est la fille d'un ancien soldat.

Elle et le marquis de X... s'aimaient d'amour tendre.

Un soir, Mlle F... S... ne rentre pas, pour la première fois, au domicile paternel.

La mère pleura beaucoup.

Le père veilla, lui, toute la nuit.

Il ne dit pas un mot à sa femme, qui, le matin, s'évanouit en le voyant endosser son ancien uniforme, mettre son épée au côté et sortir, le visage bouleversé et les mains crispées.

Le petit frère suivit le père de loin et revint

dire à sa mère qu'il venait d'entrer tout droit chez le marquis de X...

Le mère se leva et courut à l'église.

Le père de la danseuse avait, en effet, pénétré dans l'hôtel X...

Le domestique voulut faire des difficultés, vu l'heure par trop matinale de cette visite; mais le vieux militaire insista d'un ton si ferme, que Jean alla réveiller son maître et lui dire le nom du visiteur.

Tableau!

Il fallait pourtant faire contre fortune bon cœur.

Mlle F... S..., tout en larmes, courut se cacher à l'extrémité de l'appartement.

M. le marquis de X... s'habilla correctement, et s'étant composé un visage de circonstance, entra dans le salon où l'attendait le père de la danseuse.

Ils se saluèrent gravement, et le père, prenant le premier la parole, dit ces simples mots :

— Monsieur le marquis, aurai-je *du moins* mon litre tous les jours?

Toujours du *Vieil Abonné* :

La plupart des danseuses sont filles de *petites gens*. Mercenaires de l'atelier, du magasin ou du bureau, artistes infimes et émérites, concierge dont la femme a fait le ménage de bon nombre de locataires — et autres choses avec.

Je disais à mon portier :

— Père Machin, votre aînée est crânement gentille !

— Je le crois fichtre bien ! Mon *épouse* a été la maîtresse d'un général !!!

La proxénète n'est pas nécessaire à toutes ces dames, la dernière anecdote du *Vieil Abonné* va nous le démontrer.

...Vous connaissez tous la petite X..., une des plus désirables « captives grecques » de *Namouna*.

Elle a sur la peau le duvet pourpré de ses vingt ans. Les yeux et le nez d'une muse. La joue en fleur. Sur les lèvres le divin carmin de Mignard. Une chevelure d'un prestigieux caprice.

Banville n'hésiterait pas à déclarer sa gorge pétrie avec la neige des sommets sacrés !...

Il paraît que ses écrins sont comme des parterres d'astres et comme des jardins d'étoiles !...

Eh bien, toute cette bijouterie ne lui coûte *pas ça, pas ça, pas ça*, comme chantait Judic dans *Madame l'Archiduc*.

Voici, d'ailleurs, son procédé aussi simple qu'ingénieux :

Depuis qu'un *pas de deux*, dans le dernier ballet, l'a mise en relief, elle va au foyer, de l'un à l'autre des abonnés, coquetant, babillant, sautillant, distribuant entre tous, avec un équilibre admirable, la menue monnaie du sourire, du serrement de main, du baiser furtif. Chacun se croit le préféré. Chacun se dit *in petto* : « Un dernier effort et j'enlève la place ! »

Et c'est à qui apportera une pierre plus précieuse que celle fournie par le voisin...

Mlle X... encaisse tout et n'accorde rien davantage...

Enfin, un des donataires devint pressant et sollicita une échéance précise.

Mlle X... ouvrit des grands yeux de vierge étonnée; elle se fit répéter deux fois la question. Des larmes humectèrent soudain ses cils soyeux; c'est à peine si son émotion lui permit d'articuler ces mots :

— Quoi! monsieur, ces présents n'étaient pas offerts de bonne amitié!... Oh! si j'avais su que votre projet était de m'entraîner dans l'abîme où tant de camarades... Laissez-moi, monsieur... Votre conduite est indigne... Et moi qui avais la faiblesse de vous croire meilleur et plus loyal que les autres!... Demain, je vous renverrai tout ce que vous m'avez donné!... Oh! ma mère! que je souffre!...

Puis elle alla tomber pantelante dans les bras d'une vieille à cabas et à tartan.

Quant au monsieur, il resta cloué au plancher, muet, ébahi, stupéfait!

Faut-il ajouter que le lendemain on ne lui renvoya rien dutout?

En revanche, quand Mlle X... passa près de lui, elle pinça les lèvres et lui fit tout juste un petit salut bien sec de la tête.

A ceux qui s'étonnèrent d'une telle froideur envers un monsieur qui avait eu les honneurs de nombreux *a parte*, elle répondit :

— C'est un malotru avec lequel ne peut se commettre une femme qui a le souci de sa dignité et de l'opinion.

La cohorte des mystifiés s'est vengée en lui décernant le surnom de *Pie Voleuse* sous lequel elle est connue maintenant à l'Opéra . . . .

Le recrutement du soldat s'opère par les fréquentations de filles encore au travail qui fréquentent des prostituées de profession ou de hasard ; par la misère, par la malheureuse connaissance d'un souteneur qui, un beau soir, forcera la fille à descendre sur le trottoir pour lui fournir la pâtée. Il y a les recruteurs de profession.

« Ils se tiennent généralement auprès de la
« fontaine du Châtelet ; leur commission pour la
« *remonte* est en moyenne de cinquante francs,
« mais ils ne la touchent qu'une fois la fille en
« wagon. »

L'auteur du livre dont nous extrayons ces quelques lignes ajoute :

« Ils ne sont que trois ou quatre courtiers connus *et n'appartiennent pas au joli monde des souteneurs...* »

Des banquiers alors ?

Parmi les souteneurs recrutant pour leur compte, beaucoup vont opérer aux abords des gares, guettant les paysannes naïves, déroutées à leur arrivée à Paris; ils les apprivoisent, les attirent par des promesses de places excellentes et les lancent!

On nous a conté l'histoire d'une répétition générale de raccrochage; la voici dans sa simple hideur :

Un souteneur, après avoir séduit la fille d'un marchand de vin établi dans les environs de la place d'Italie, l'avait décidée à le suivre; la pauvre enfant eut le malheur de l'écouter. Au bout de très peu de temps, le marlou l'enrégimenta. D'abord, la fille regimba, mais l'homme avait des arguments irrésistibles : les gifles, les coups de poing, les coups de pied la matèrent, et quand il l'eut *décidée*, il l'emmena. C'était un artiste en son genre, et il aimait son *art;* il voulut parachever son éducation par un brin de pratique.

— Tu vas voir! c'est rien du tout! Reste là, j'vas passer, tu m'feras le boniment, je te soufflerai si tu n'sais pus.

Et le voilà qui s'éloigne de quelques pas, puis revient devant elle; la fille pleurait.

— Hue donc, rosse! — et il lui allonge une gifle, — dinde! On s'y fait! ça va venir. Allons, je recommence!

Il repartit; quant il repassa, elle l'aborda.

— Gentil garçon, viens-tu chez moi?

— C'est ça... — Non, ma belle, j'ai pas le temps.

Comme elle restait coi, il lui souffla :

— Insiste!... — T'as bien le temps de t'amuser un peu, qu'on dit...

— T'as bien le temps de t'amuser un peu?

— Non, mon petit! D'abord, j'ai pas le rond.

— Tu comprends, c'est tous le même truc, y n'ont jamais le sou; c'est pour moins casquer. Allons, réplique...

— T'as bien cent sous?...

— J'ai pas un sou, que j' te dis!...

— ...

— Eh! va donc! t'attends pas qu' y t'tombe dans les bras, ben sûr?... -Comment! t' as pas même trois francs!... On baisse le prix à mesure... jusqu'à ce que ça mord!

— T'as pas trois francs?...

—J' sais pas!... p' t-être!...

—...

—Et tu l'emmènes!... Va donc!... tiens, en v'là un... d' miché... Va!

Et voilà un lancement... qui ne ressemble en rien, il faut le dire, à celui de la dame de l'État-Major.

. . . .

III

La caserne. — La remonte.

La caserne, pour l'armée du vice, est le dernier refuge, celui où la fille n'ira s'abriter qu'au dernier moment, sachant que dans ce lieu elle abandonne tout ce qui est son humble personnalité; elle devient là une machine à plaisir qui n'a même pas le droit de refuser qui lui déplaît, comme elle le peut faire quand elle est libre sur son trottoir.

En entrant, elle prend un nom de guerre, et voilà son incorporation accomplie; à partir de ce moment, elle n'a plus rien à elle, mais, en revanche, elle est nourrie, couchée, blanchie... et volée. Le peu qu'elle gagne par ses pourboires revient vite à la caisse de la maison.

Et encore, pour cet abandon de tout son être, elles n'ont droit qu'à être respectueuses envers leurs tyrans mâles et femelles. La directrice de la maison, qui les exploite, les dépouille, les pressure, les considère de même essence que le négrier considère ses esclaves.

Lorsque Madame paraît à la table commune, tout le monde se lève et personne ne peut s'asseoir que Madame ne se soit assise ; un mot grossier ou obscène se paye d'une amende. Cette pénalité est fréquemment employée ; les délits imaginaires sont innombrables et les punitions pleuvent comme grêle en mars. Ne faut-il pas que les pourboires reviennent à leur destination naturelle ?

La matrone est un bien joli type, exploitant son ignoble troupeau avec une majestueuse condescendance pour les vices des clients sérieux, sévère aux pensionnaires et aux galopins qui viennent *faire flanelle* dans son établissement.

Hors de leur caverne, elles réclament de la considération jusqu'auprès des employés de la préfecture de police, se plaignant de n'être pas toujours traitées avec les égards dus à d'honnêtes femmes ; et le plus drôle, c'est qu'elles sont sincères !...

Exploiteuses et exploitées vivent cependant bien d'accord : la fille a pour MADAME le respect que celle-ci réclame, et parfois, lorsqu'elle est aimable et pas trop dure, une certaine amitié !

Partout la vie est la même dans ces maisons, luxueuses ou misérables, où le jour et l'air pénètrent à peine, où l'atmosphère lourde, surchargée de parfums violents, donne aux femmes d'effroyables migraines. A part deux ou trois maisons spéciales et renommées où les pourboires prennent des allures de traitements de fonctionnaires, les femmes en sortent généralement pour passer dans un autre, semblable ou à peu près, mais toujours sans un sou ; elles sont devenues des colis, une marchandise, qu'on échange à volonté.

Depuis longtemps, la volonté, chez elles, est

morte, noyée dans l'absinthe, les alcools, le tabac, l'abrutissante paresse des longs jours vécus dans une salle surchauffée, des lentes heures passées à jouer aux cartes, à faire des réussites auxquelles elles ne demandent même plus de réussir, tout désir, tout espoir ayant disparu ; il ne leur reste plus qu'un vague malaise, une appréhension confuse des années qui s'écoulent dans cette torpeur, les amenant insensiblement, sans qu'elles s'en soient préoccupées une heure, au fatal, au brutal renvoi, alors qu'elles ne sont plus que guenilles, bonnes tout au plus à peupler les innombrables bouges des barrières.

En somme, la même vie bestiale, crapuleuse, que celle des femmes de brasserie, avec cette ressource en moins de pouvoir un jour sortir de là, d'avoir à elles un petit pécule, chose rare, mais enfin qui peut se produire !

M. Carlier, dans *les Deux Prostitutions*, en cite qui sont cependant devenues « Madame la Ministre plénipotentiaire de France » dans un pays étranger, Mesdames les comtesses de X...,

Madame l'intendante d'une armée étrangère. Cela doit être de plus en plus rare.

Elles ont cependant des avantages, mais pour en jouir il faut qu'elles soient malades ou détenues! Alors, *Madame* leur fait parvenir des aliments, des friandises, de l'argent, tout cela *en compte*, remboursé à la rentrée au bercail.

C'est une marchandise d'échange, un colis, avons-nous dit?

Quand elles ont cessé de plaire dans un endroit on les expédie dans un autre, et sans qu'elles puissent réclamer, criblées de dettes imaginaires qui les rivent à leur maître.

« Il existe — dit M. Virmaître — un Annuaire spécial des maisons de société ; il contient, par ordre alphabétique, la nomenclature des villes de France et de l'étranger, avec la population flottante; des courtiers, quelquefois les maîtres de maisons eux-mêmes partent en voyage dans tous les pays du monde et ramènent des filles rencontrées dans les brasseries ou dans les bureaux de placement.

« Il existe à Paris, aux environs du théâtre du Châtelet, un cabaret dans lequel se réunissent périodiquement les principaux maîtres de maisons de Paris, avec les maîtres de province qui viennent en *remonte;*

« Là se font les échanges ou les marchés, car telle femme usée dans une ville de province, à Rouen, par exemple, devient neuve pour la clientèle parisienne, et *vice versa.* »

Les femmes peuvent d'elles-mêmes changer de maison; il en existe quelques-unes qui s'engagent dans les premiers établissements de Paris, avec la condition, stipulée expressément, qu'elles pourront aller passer deux mois dans les maisons des boulevards extérieurs — leurs bains de mer à elles!

La Préfecture de police, qui a en mains la surveillance des maisons de tolérance, a réussi à obtenir un peu d'hygiène : dans beaucoup de ces établissements la question de l'eau est constamment à l'ordre du jour; ces dames ont à leur disposition un appareil à douches, des baignoires, etc. ; la plupart se soumettent d'elles-mêmes à un régime qui ne peut que tonifier leur peau sans cesse maniée...

Toutes ne quittent pas la maison pour aller pourrir sur un grabat ou rentrer dans une autre ; il en est qui, fatiguées de cette vie écœurante, s'enfuient...

Ne nous appesantissons pas sur ce sujet, aussi bien il a été traité et retraité avec détails circonstanciés dans nombre d'ouvrages modernes. L'intérêt qu'excitaient ces maisons aux façades mystérieuses complètement closes a diminué d'intensité aujourd'hui qu'elles sont connues de tous.

Nous donnons, pour en finir avec elles, le récit d'une scène de famille qui nous a été contée par un observateur que sa bonne étoile conduisit dans un *couvent* le soir de l'événement.

IV

Scènes d'intérieur.

Ce soir-là, le **13** était complet; les deux salons, pleins de fumée âcre de tabac, éclairés d'une lumière brutale, retentissaient du bruit des conversations, des éclats de rire des femmes, maniées avidement par les clients un peu ivres; de temps en temps, une porte capitonnée de moleskine battait, un couple montait; la femme, prenant un bougeoir, conduisait le client aux étages supérieurs, puis redescendait prendre sa place au milieu de ses compagnes; une autre quittait bientôt les tables, accompagnée, et montait à son tour. La recette s'annonçait fructueuse, et le garçon de salle, une sorte de colosse borgne, dont l'œil unique s'éclairait d'une lueur mauvaise, un reflet de sang dans la pupille dilatée, aux heures de batailles; le garçon avait peine à suffire aux demandes des consommateurs. Dans un coin de la salle, deux Italiens dépenaillés jouaient une valse et, dans l'espace laissé libre, au milieu des tables, les femmes, par couples, tournaient lentement, les yeux pâmés, puis venaient s'abattre sur les genoux des hommes attablés devant un saladier de vin chaud ou une canette.

A la caisse, MADAME souriait d'un sourire encourageant. Ses quarante ans, vécus dans cette atmosphère du vice, de luxure, l'avaient laissée fraîche encore, malgré la graisse envahissante, mais si soignée! Tous les matins le coiffeur la complimentait sur la masse épaisse de ses cheveux qu'elle avait su conserver en les oignant d'une pommade dont elle gardait le secret, tenu d'une fille galante tombée dans la misère et qu'elle avait secourue quand elle-même travaillait encore.

Douce, mais d'une fermeté inébranlable pour son personnel, Madame menait seule la maison, Monsieur n'y faisait que de courtes apparitions ; toujours en partie, à la chasse, à la pêche, avec des négociants posés auxquels il contait qu'il était retiré des affaires, et sans lui la maison marchait admirablement ; on travaillait jusqu'à des trois heures du matin, commençant à huit heures, le soir.

La proximité de l'Ecole militaire entretenait une clientèle renouvelée juste à temps par les changements de garnison ; la fatigue aurait pu faire déserter la maison.

Depuis douze ans, elle en avait alors vingt-neuf, Madame tenait l'établissement, seule, et elle songeait ce soir-là, souriant à ces dames sans les voir, que quatre années encore lui suffiraient pour atteindre le résultat fixé ; encore quatre ans d'une vie dont elle se lassait enfin, et à son tour, elle pourrait se reposer, se coucher de bonne heure, n'avoir plus tout ce bruit, ce tapage autour d'elle ; elle pourrait enfin jouir de la vie paisible, ambitionnée dès les débuts.

Et son secret qu'elle pourrait enfin dévoiler, son enfant qu'elle n'aurait plus à cacher, à élever loin de ce cloaque, cette pourriture, comme elle disait dans les heures de dégoût; son fils qu'elle avait placé en pension, chez un brave homme d'instituteur, à l'autre bout de Paris; il suivait les cours d'un lycée et, quand il aurait l'âge, il concourrait pour Saint-Cyr.

Et son sourire se faisait malicieux en rêvant à son grand garçon en uniforme coquet, sortant les mercredis et les dimanches pour venir embrasser sa mère, rentière aisée dont il ignorerait toujours la véritable profession; le mensonge vraisemblable conté dès sa petite enfance, continuant. Elle lui dirait en temps voulu qu'elle avait cédé son magasin de tissus, placé à dessein dans la grande banlieue, pour éviter qu'une idée prît au gamin de vouloir y venir. A l'instituteur, elle avait dit qu'il était impossible, dans son commerce, d'avoir un enfant près d'elle, et aux vacances, à part un voyage de quelques jours, une escapade pour la mère et l'enfant, elle le confiait à ses soins paternels.

Elle pâlit, au milieu de la joie de ses pensées, en recevant une lettre que le facteur venait d'apporter ; elle se faisait écrire chez une amie pour éviter la découverte de ce qu'elle cachait si bien, et ses lettres ne lui parvenaient du pensionnat qu'avec un retard. Vivement elle fit sauter l'enveloppe et parcourut les quelques lignes ; le visage décomposé, elle frappa un grand coup sur un timbre placé près d'elle et, la sous-maîtresse accourue, elle quitta la caisse.

— Anna, je vous laisse la maison ; veillez bien, ma fille...

— Mon Dieu ! Madame, qu'arrive-t-il ? Vous êtes toute pâle.

— Un malheur, ma fille, un grand malheur...

Et vite, un chapeau planté sur la tête, un manteau jeté sur ses épaules, elle courut à la station de voitures.

Son enfant malade ! « Maladie grave » disait la lettre. Elle l'avait vu le dimanche précédent, toujours plein de santé, de force. Qu'est-ce qu'il pouvait avoir ? Et la lenteur du fiacre l'exaspérait ; elle avait envie de descendre, de se mettre à courir, convaincue qu'elle irait plus vite que la rosse qui la trimballait d'un trot endormi. Et tout Paris à traverser, une bonne heure à rester là, dans cette boîte, à se manger le sang ! Elle abaissa vivement la vitre, se pencha à la portière :

— Va donc, vieux ! Cent sous si ton cheval galope.

Le cocher allongea trois ou quatre coups de fouet au cheval qui rua, se secoua, allongea le trot ; quand la bête faisait mine de reprendre son allure paisible, le cocher la fouaillait.

— Qu'est-ce qu'il a ? Où est-il ?...
— Ah ! Madame !...

L'instituteur balbutiait, hachait des mots sans suite, sans parvenir à trouver la phrase consolatrice qui devait préparer la mère à souffrir, une phrase longuement triturée que son arrivée brusque, dans la nuit, avait fait fuir, et une lanterne dansait au bout des doigts tremblants du vieux qui restait effaré.

Du coup la femme comprit, son enfant était mort ! Tout ce qu'elle comprimait depuis longtemps sous un vernis de bon ton, exagérant les manières d'une vraie dame, qu'elle s'efforçait de maintenir, reparut à ce moment, sa nature s'épancha.

— Remue-toi un peu, fit-elle rudement, et prenant la lanterne que l'homme semblait ne plus pouvoir tenir, elle lui intima :

— Conduis-moi.

A pas traînants, comme s'il était paralysé, le bonhomme marcha vers l'infirmerie, une pièce sombre où dansait la lueur papillotante d'un bec de gaz à demi baissé ; dans un angle, sur un petit lit de fer, une forme grêle aux contours accusés par les draps qui la couvraient, immobile, dans la rigidité de la mort.

Comme une masse, la mère vint s'abattre sur le lit, prit le petit cadavre à pleins bras, l'étreignit, le serra contre elle, sur sa poitrine, pour lui donner un peu de sa chaleur, le faire revivre sous ses baisers, ses caresses, ses larmes ; elle le berçait, lui murmurant à l'oreille des paroles tendres, des mots que les mères seules connaissent et dans ses larmes, dans ses caresses, elle s'écriait :

— Mon mignon, mon chéri, écoute-moi, réponds-moi, dis-moi que ce n'est pas vrai, que tu dors seulement, que tu vas te réveiller, m'embrasser... Qu'est-ce que tu as, dis, mon chéri ? Je te guérirai, va, moi, ta petite mère ; tu verras comme tu seras beau quand tu seras guéri !... Mais qu'est-ce qu'ils t'ont fait, ces gens-là ? Ils t'ont fait bobo, dis? Ça ne sera rien, ça se passera...

Elle devenait folle, d'une folie de bête dont le petit est blessé, qui le défendra jusqu'à la mort..

Lâchant le petit cadavre, elle se dressa devant le bonhomme qui se tenait au pied du lit, l'air inquiet devant cette douleur, effrayé du tort que ce décès, chez lui, allait faire à son établissement.

— Qu'est-ce qu'il a eu ? Comment c'est-il arrivé ?

Embarrassé, bredouillant, l'instituteur entra dans de longues explications.

On ne savait pas — le médecin n'avait rien pu
dire — il n'avait rien compris au cas ; — il avait
dit d'abord que ce ne serait rien... et puis le
troisième jour, une mauvaise fièvre !... un
transport au cerveau...

Il hachait ses phrases, perdu dans ses mots
qu'il rattrapait avec des... alors... et alors... La
mère ne l'écoutait plus, elle était retombée sur le
petit lit, prostrée, anéantie; ses larmes doucement coulaient sur le drap en grosses gouttes qui
s'épandaient, fondaient, bues par la grosse toile
qui s'amollissait sous la pluie chaude qui ne ces-
sait de couler de ses yeux.

Avec ses larmes, son courage fondait, elle s'at-
tendrissait, sans forces maintenant pour lutter,
continuer la vie, cette vie double dont elle n'avait
montré là que le côté honnête, strict, d'une
brave bourgeoise élevant honorablement son enfant.

Elle recommençait à geindre, au milieu de ses
pleurs, se lamentait, pleurait sa vie perdue, son
suprême espoir déçu, emporté par la catastrophe

4

vengeresse; et le besoin qu'elles ont toutes de se confier au passant, de pleurer leurs peines au premier venu, lui faisait entamer un récit qui stupéfiait, indignait l'honnête homme qu'était l'instituteur.

— Monsieur... je n'avais que lui et j'en étais si fière !... Il était si gentil, si doux... et beau !... J'avais tout mis sur sa petite tête... Je le voyais en rêve à Saint-Cyr, en uniforme... le dimanche, il serait venu... on sortait ensemble, moi à son bras... et maintenant !...

Elle leva les bras, s'exclama :

— Pourquoi tout cela, maintenant?... Qu'est-ce que ça me fait d'avoir une boîte qui marche, qui gagne gros, puisqu'il n'est plus là pour en profiter?.. C'est fini, je ne veux plus rien faire...; en rentrant, je fermerai, je vendrai... je céderai à Anna..., j'en ai assez de ce chahut; avec les deux cent mille francs déjà de côté, je vivrai... ; Monsieur fera ce qu'il voudra.

Elle se tourna vers le bonhomme resté debout devant elle, heureux de voir sa douleur s'exhaler en un flux verbeux, toujours inquiet d'une nervosité qu'il ne soupçonnait pas chez cette grosse petite femme.

— Voyez-vous, on est puni... Quand je pense que je ne voulais que lui... Après, quand il en est venu d'autres... je les ai décrochés... Oui, trois fausses couches, pour qu'il soit seul, Monsieur, pour qu'il ait notre fortune à lui tout seul... C'était bien la peine !... Et maintenant il est là... il est là...

Elle répéta — Il est là — machinalement, pendant une minute, sans comprendre ce qu'elle disait.

L'instituteur était tout ému de cette révélation choquante des trois fausses couches. Cette entrée dans l'intime secret dans la vie de la femme lui rendit de son équilibre ; il eut un : Calmez-vous, Madame ! empreint d'une autorité presque paternelle.

Mais elle tenait à se soulager entièrement ; dans son idée, elle pensait que la confession complète de l'ignoble métier qu'elle avait toujours caché à l'instituteur lui démontrerait mieux la grandeur du sacrifice — hélas! inutile — qu'elle s'imposait depuis la naissance de l'enfant.

— Vous pensez, Monsieur, ce n'était pas pour moi, c'était pour lui... afin qu'il ne puisse pas rougir de sa mère... Plus tard... je ne voulais pas qu'on sache... Monsieur, croyez-vous que c'est une existence, quand on est mère... vivre dans ce milieu-là! Toutes les soirées, je ne pensais qu'à lui... Quand la recette était bonne, j'étais si heureuse!... Et on travaille, au 13!... pensez, à côté de l'École et les usines de Grenelle...

Enfin, je m'étais privée de le voir..., de l'avoir toujours auprès de moi...; d'abord, c'est défendu dans les maisons..., mais enfin j'aurais pu, n'est-ce pas, le mettre en pension à Grenelle et avoir un appartement à côté... Mais je voulais qu'il ignorât toujours... Mon Dieu! si plus tard il avait su, il avait appris... Si on était venu lui dire... Tes parents tenaient un... une maison publique... j'en serais morte, Monsieur...

Maison publique — fit sur l'instituteur l'effet d'un coup dans le creux de l'estomac : son cerveau s'éclairait, le voile impénétrable était déchiré; il comprenait enfin le souci de se dérober, de se cacher, qui la hantait toujours; il s'expliquait la correspondance passant par l'intermédiaire d'une amie.

Il eut une grimace d'indignation, de dégoût. Certes, il soupçonnait une irrégularité dans la vie de cette femme, mais cela! mais cela!...

Son autorité lui revint tout entière, il eut envie de jeter le petit cadavre dans les bras de sa mère et de crier :

— Emmenez-le! emportez-le. Allez-vous-en !

Puis il s'apaisa, la réflexion lui vint : d'abord, c'était impossible matériellement, le décès était déclaré, et puis en la mettant habilement sur la voie, en la ménageant, la prenant adroitement, elle ferait de belles funérailles à l'enfant, et s'il était chargé de les organiser, il pourrait y retrouver un peu de ce que cette mort lui faisait perdre; il mit un temps convenable et, posant sa main sur l'épaule de la mère qui pleurait toujours, agenouillée maintenant au chevet du lit:

— Je conçois que vous éprouviez une grande douleur, Madame, mais vous devez aussi songer

4.

à vous. Ne vous exaltez pas, songez qu'il va vous falloir encore bien du courage... Allons, venez.

Il la prit par les bras, la souleva, la mit sur ses pieds, l'entraîna hors de la salle funèbre.

Ils traversèrent la grande cour, entrèrent dans le parloir où pétillait un feu maigre.

— Je vous attendais d'heure en heure — commença le bonhomme, les yeux fixés sur la lampe qui charbonnait, tout à son idée qu'il s'agissait de glisser délicatement à la mère au cœur endolori — mais le retard qu'a subi la lettre m'explique l'heure tardive de votre arrivée. Croyez, Madame, que rien n'a été épargné pour préserver la vie du pauvre enfant...

La mère sanglota.

— ... Malheureusement, les décrets de la Providence... ce qui est écrit là-haut...

Il s'embrouillait; trouvant sa phrase mal commencée, il la reprit.

— Ecoutez-moi, Madame : certes, votre douleur est légitime, mais il faut penser au présent; que comptez-vous faire?

Elle le regarda, les yeux troubles, noyés de larmes, sans comprendre.

Un peu impatienté de se voir incompris à demi-mot, l'instituteur insista.

— ... Les obsèques!

Mais à ce mot, la mère redoubla de sanglots. Il se leva tout à fait irrité et, pour laisser passer le flot, se mit à marcher de long en large; de temps à autre ses épaules s'agitaient, secouées autant par un frisson rapide que par l'ennui de voir que la scène menaçait de se prolonger indéfiniment.

Il prit un parti.

— Il ne faut pas tant pleurer, Madame, fit-il doctoralement, vous vous épuiserez sans rien changer à ce qui est.

La femme, par une docilité qui fait le fond de ces natures de filles, s'arrêta de sangloter, ses larmes coulèrent sans effort, elle les essuyait lentement, se tamponnant la figure à petits coups de son mouchoir pendant que l'instituteur, scandant ses mots comme pour bien les lui faire entrer dans la cervelle, débitait son discours :

— Dans la triste circonstance, je comprends

que vous ne soyez pas en état de juger sainement ce qu'il conviendrait de faire ; ne pensez-vous pas qu'il serait préférable de vous en rapporter complètement à moi ? J'ai déjà dû m'occuper des premières formalités à remplir, il suffirait d'une simple signature de votre part...

Elle fit : Oui, de la tête, incapable de parler.

Il ajouta :

— Je ferai de mon mieux — troisième classe, n'est-ce pas? l'enfant était très sympathique à ses petits camarades, ils lui rendront les derniers devoirs...

Elle ne répondait pas, ne l'entendait plus... Lui, détaillait, à perte de vue, vivait devant elle la cérémonie ; très organisateur, son sang se fouettait à l'idée d'une belle cérémonie qui ferait sensation dans le quartier.

Quand il s'arrêta, malgré l'intérêt qui le tenait éveillé, il eut un bâillement étouffé. Il était tard, depuis la veille il vivait dans une angoisse de la première entrevue avec les parents ; il était soulagé maintenant ; il n'avait pas eu à subir, comme il le craignait, le choc du père dont l'allure débordante l'effrayait un peu — maintenant il était le maître... des gens qui tenaient un... S'il avait su !...

La femme pleurait doucement, accroupie dans le fauteuil sans parler de départ. Le bonhomme s'ennuyait. Est-ce qu'elle voulait coucher là ?... Ah ! mais non, par exemple !

— Madame ! il se fait tard... et si vous avez des dispositions à prendre...

Elle sursauta.

Oui... oui... je m'en vais... il faut que je prévienne le père... Ah ! mon Dieu !... Que va-t-il dire ?... que va-t-il devenir, le pauvre !...

— Je me charge de tout, c'est entendu, sauf des lettres.

— Ah ! ce n'est pas la peine... vous comprenez... dans notre situation... nous n'inviterons personne... On en enverra plus tard.

L'homme eut un geste de satisfaction ; il craignait un débarquement de toute une espèce de monde qu'il entrevoyait vaguement, avec une craintive horreur, se livrant continuellement à une pantomime obscène.

— Mon Dieu, ma pauvre Madame! quel malheur vous est arrivé?

La femme tomba dans les bras de la sous-maîtresse avec une reprise de sanglots qui lui arrachaient la gorge.

Mon pauvre enfant... est mort!... finit-elle par articuler.

Anna eut un rapide sourcillement, puis elle tira son mouchoir et essuya une larme mal venue.

— Ne pleurez pas tant, ma pauvre Madame... conseilla-t-elle, vous vous rendrez malade.... Il faut vous coucher et dormir... si vous pouvez; tâchez de reposer un peu... cela vous fera du bien; vous êtes dans un état... Mon Dieu! Pauvre Madame!...

La sous-maîtresse était elle-même dans un état singulier d'agitation. La nouvelle de cette mort rendait plus précise, plus proche la réalisation d'une espérance que lui avait donnée Madame.

Peut-être se retirerait-elle plus tôt... et la maison lui était promise.

La mère se coucha, déshabillée, bordée par

Anna qui se montrait d'une tendresse filiale pour elle; à peine couchée son gros chagrin s'étouffa dans un soupir d'enfant et elle s'endormit, terrassée par l'abus des larmes versées.

Au matin, Anna, sans déranger Madame, fit prévenir Monsieur par le garçon, puis elle réunit les filles et leur fit part de la douloureuse nouvelle. Ces dames, navrées, parlèrent d'une cotisation à verser pour l'achat d'une couronne; la sous-maîtresse approuva le projet et leur annonça que probablement elles seraient convoquées pour la cérémonie. Il fallait se mettre le plus possible en noir ou tout au moins éviter les choses voyantes.

Elle s'éloignèrent ensuite, parlant bas, comme si le petit mort eût été dans la maison.

Comme elles commentaient l'événement, l'une d'elles demanda quelle inscription on ferait mettre sur la couronne.

La discussion fut longue; on finit par s'entendre; il était impossible de mettre : *A notre patron*, puisque c'était un enfant. Celle qui avait proposé une inscription trouva : *A notre ami — Regrets.*

Toutes tressaillirent au milieu de la conversation, le timbre de la porte d'entrée avait retenti. C'était Monsieur; on l'entendit grimper vivement chez Madame, puis plus rien... Au bout d'une demi-heure la sous-maîtresse se hasarda à frapper à leur porte. Sur un : Entrez! mouillé de larmes, elle pénétra : au chevet du lit, dans un fauteuil, Monsieur, le regard terne, le dos voûté, les coudes sur les genoux, la tête dans ses mains, fixait les yeux à terre, l'air abruti. Dans son lit, madame pleurait.

Anna, après avoir présenté ses respects à Monsieur, entama délicatement la question des funérailles; elles devaient avoir lieu le lendemain matin, d'après l'instituteur; Monsieur et Madame allaient du reste partir pour revoir encore une fois le pauvre petit avant la mise en bière.

— Anna, j'ai confiance en vous, dit gravement Monsieur, je vous confie la maison à gérer pendant mon absence; je suis sûr que vous veillerez comme pour vous.

— Monsieur peut compter sur mon zèle, répondit la sous-maîtresse.

D'ordinaire, les patrons s'absentaient sans une recommandation à Anna; celle-ci crut trouver dans les paroles de Monsieur une promesse engageant l'avenir.

Ç'avait été décidé, ces dames assisteraient à l'enterrement, comme Anna l'avait prévu et annoncé le matin dès huit heures.

Les clients n'étaient pas attendus à cette heure matinale; la maison se vida, laissée à la garde du garçon de salle.

Marchant deux par deux, graves, recueillies, pas trop fardées, ces dames, sous la conduite de la sous-maîtresse, semblaient des pensionnaires de ces institutions de charité dans lesquelles des femmes pieuses recueillent des abandonnées.

Les voitures attendaient au coin d'une rue désignée afin de ne pas éveiller l'attention. Correctes, elles montèrent sans un mot prononcé trop haut; mais sous cette réserve et malgré la compassion pour le chagrin de cette pauvre Madame, si éprouvée, se lisait sur leur visage une joie débordante de jouir du plein air, de la promenade en voiture, ces grandes voitures si bien suspendues, au bercement si doux. Une qui risqua une réflexion graveleuse fut vigoureusement chutée par exemple!

Ébahis, les cochers ricanaient, se jetaient des coups d'œil en rigolant; observateurs de tous les genres de clients qu'ils voiturent, ils avaient deviné à quelle institution appartenaient leurs clientes.

On arrivait... En voyant débarquer ce couvent, l'instituteur eut un geste d'effroi indigné. Ces filles chez lui! dans sa maison! auprès de ses élèves!!! Il eut un instant l'envie de faire rentrer dans leurs classes les élèves qui déjà étaient formés en cortège; le maintien modeste des pensionnaires de Madame le rassura à demi; il n'en garda pas moins une mine extrêmement contrariée et fut très raide avec le père et la mère.

Sous le porche, transformé en chapelle ardente,

le petit corps attendait. Le maître de cérémonies annonça :

— Quand la famille voudra !

Monsieur avait amené un intime; ils se placèrent derrière le char; aux quatre coins pendaient des cordons, des enfants les prirent, l'air gauche, et le cortège se mit en marche. Derrière Monsieur et l'intime marchaient les élèves, par classes, suivis des pions réquisitionnés, puis l'instituteur, avec le professeur de la classe du petit mort; et enfin ces dames, toujours pilotées par Anna. Madame, trop faible pour marcher, était restée dans une voiture à galerie argentée, avec une des filles qui avait mission de veiller sur elle.

A l'église ce fut convenable. L'instituteur aurait voulu de la musique, mais le prix élevé l'avait fait réfléchir; il n'y eut que les prières des morts chantées en faux bourdon. Pendant la cérémonie le bonhomme fut agité, à tout moment il se remuait, jetait des regards de côté sans doute dans la crainte des scandales que ces filles devaient inévitablement provoquer.

Une odeur lourde, bizarre, où l'encens s'amalgamait au patchouli, à l'héliotrope blanc, prenait légèrement à la gorge...

L'instituteur poussa un soupir quand ce fut fini.

En route pour le cimetière, il dit au professeur, son voisin :

— Je crois qu'il est inutile de prononcer le discours... Avec ce monde... quelques mots suffiront.

Le 13 était presque plein ; le soir, beaucoup des habitués venaient finir de manger leur paye, et cependant il régnait comme un air de tristesse dans les deux salons.

Les Italiens dans leur coin jouaient plus lentement, en sourdine, des airs tristes. Madame était absente, couchée. Monsieur restait auprès d'elle. Anna, à la caisse, fronçait les sourcils, de temps à autre appelait une fille, semblait la réprimander, l'exciter du geste ; elles répondaient d'un mouvement triste, las, dans un état d'âme à ne pas pouvoir travailler...

— Ma parole... c'est désolant, bougonnait la sous-maîtresse ; huit jours comme ça et la boîte, serait fichue !

Les clients, étonnés, gueulaient plus fort, pour entraîner les femmes dans leur gaieté ; les consommations marchaient encore, mais les femmes causaient toutes du même sujet : enterrement, mort, maladie ; et à chaque client qui entrait, c'était la même histoire reprise, détaillée, commentée, enjolivée déjà.

A la fin, un des hommes, impatienté par ces récits funèbres, assit une fille sur ses genoux, fourrageant d'un geste brutal sa courte chemisette de surah.

— Zut ! cria-t-il, tu nous em....., mets-y un crêpe et n'en parle plus !

V

Au travail. — A l'hôtel. — A l'église. — En omnibus.
Une veuve. — Fruit vert. — L'abandonnée.

En montant le faubourg Saint-Denis, le soir vers huit heures, le passant coudoie un nombre considérable de femmes battant le pavé, en quête d'un client ; les rues d'Aboukir, de Cléry, du Caire, Saint-Denis, enfin tout ce quartier si vivant, si affairé le jour, est occupé par le même personnel. Des filles? Oui, sans doute, la plupart inscrites à la préfecture, ayant leur carte bien en règle ; d'autres travaillant clandestinement, peureuses, l'œil et l'oreille au guet, promptes à détaler à la moindre alerte. D'où sortent celles-là ?

Des ateliers de fleuristes, cartonniers, polisseurs, bijoutiers en toc. Elles sont dans le jour des ouvrières travailleuses, habiles, exactes. Le soir venu, elles se prostituent pour augmenter le salaire quotidien. Pour quelles raisons? quel est leur mobile? Les unes par économie, par prévoyance, amassant ainsi pour pouvoir se trouver à l'abri du besoin dans leurs dernières années; les autres pour subvenir à l'entretien d'un ménage trop lourd; d'autres enfin pour pouvoir disposer de sommes plus fortes en faveur d'un amant peu scrupuleux.

Elles ne travaillent que le soir, celles-là; il en est qui n'ont que l'apparence d'ouvrières ou de domestiques pimpantes, accortes et qui sont en réalité des prostituées enrégimentées et encartées, se souciant des ordonnances de police comme de leur premier amant, narguant les agents quand elles ne les *obligent* pas. Elles s'en vont à travers les rues, les boulevards, les places, les jardins, le nez au vent, les mains dans les poches de leur tablier ou de leur jaquette.

L'œil au guet, elle *allume* le vieux qui l'a suivie, se met à son pas, le laisse entamer la conversation, répond modestement, les yeux baissés, et se laisse finalement entraîner dans un hôtel meublé du voisinage.

D'autres, dédaignant ces préparatifs, s'en vont droit à la chambre du voyageur, de complicité avec les garçons, rétribués pour les renseignements qu'ils fournissent.

Le voyageur, encore au lit, voit se présenter une courtière en toutes sortes de marchandises, mais qui, en réalité, n'en a qu'une à vendre ; elle se fait très aimable pour amadouer le client. Celui-ci serait par trop vertueux s'il ne risquait quelques plaisanteries... manuelles, dont on ne se défend que faiblement ; en fin de compte, la pauvre courtière, séduite par les belles paroles et les airs engageants du client, cède, moyennant payement d'avance, à un entraînement bien naturel, — elle n'est venue que pour cela.

Quelques-unes *travaillent* à l'église, principalement en mai, aux cérémonies du soir : quittant le trottoir, elles pénètrent dans l'église, cherchent les coins sombres, se postant près des portes. Elles n'ignorent pas que la célébration des fêtes du mois de Marie attire autant de curieux que de fidèles, et elles espèrent entamer une affaire, soit pendant l'office, soit à la sortie.

Autour de la Bourse il en rôde toute une catégorie, pour la plupart casquées du bonnet blanc des petites bonnes, ceinturées du tablier; elles savent que les coulissiers sont quelquefois généreux, et surtout qu'il y a une quantité innombrable de vieux dans ce quartier.

Et les bureaux d'omnibus? Les plus fréquentés par ces voyageuses pour rire sont ceux de la Madeleine, du carrefour Châteaudun, de la Trinité; les affaires y sont actives sans être extraordinairement brillantes.

Voyez passer cette jeune veuve, aux longs voiles de crêpe l'enveloppant de la tête aux pieds, sans toutefois dissimuler une taille ronde et svelte, elle s'en va lentement comme terrassée par un chagrin récent. Consolez-la, bon passant! les temps sont durs, vous y parviendrez avec un demi-louis.

Si ce spectacle ne séduit pas le moraliste, qu'il

quitte la rue, abandonne le trottoir pour l'allée ombreuse du jardin des Tuileries ; enfin, sa vue peut se reposer sur ce gai tableau : une jeune mère, assise au pied d'un arbre, un livre à la main, surveille les ébats d'un bambin s'escrimant après son cerceau ou sa balle. Enfin, voilà donc la vertu !

Tu n'y es pas, pauvre homme! cette jeune personne t'attend, toi ou un autre, et le gamin, loué à une voisine ou à la concierge, est un rabatteur inconscient. La preuve : il t'a aperçu, et du plus loin qu'il le peut, il t'envoie son cerceau dans les jambes ; si tu es inattentif, tu risques de t'étaler, peu importe, tu as le cerceau ; le gosse, loin de venir le chercher — il a le mot d'ordre — s'est réfugié dans les bras de sa prétendue mère qui te regarde en souriant. Seras-tu malhonnête ? Ne remettras-tu pas le cerceau dans les mains du baby effarouché, avec un petit mot aimable à la mère ? Allons donc ! Vas-y, vas-y ; là, maintenant que la conversation est entamée, je te donne le temps et l'argent, moyennant quoi tu laisseras ta vertu de côté, et l'argent aux mains de la dame...

Ce petit tableau est si peu exact qu'à de certains moments les vraies mères sont fort empêchées de trouver un coin propre pour pouvoir faire un peu respirer l'air à leurs bébés, bien à elles, ceux-là.

Nous avons encore le coup de l'enfant, à l'usage des amateurs de fruits verts : c'est une fille de seize à dix-huit ans, en paraissant à peine quatorze, qu'on loue très cher aux amateurs, en leur garantissant, non sur facture — ces dames n'en donnant pas — une virginité, déjà loin, hélas !

Nous en aurions fini avec les jardins publics si à la tombée de la nuit nous ne voyions apparaître une pauvre jeune femme à l'air désolé, un mouchoir blanc à la main, dont elle tamponne par instants des yeux secs et brillants ; elle vient lentement à vous, et si vous n'êtes pas vertueux, si vous êtes seulement compatissant, vous n'hésiterez pas à lui demander la cause d'un si grand chagrin. Elle répond à peine, par mots entrecoupés, que vous n'écoutez pas, tout occupé que vous êtes à regarder se soulever, bondir une gorge appétissante.

Malgré votre inattention, vous avez cependant compris que la pauvre fille se dirigeait

> Sur les bords fleuris
> Qu'arrose la Seine

pour aller piquer une tête et terminer ainsi une existence qui lui est à charge depuis que son adoré l'a *plaquée*.

Vous empêcherez ce suicide, vous réconforterez la malheureuse par de bonnes paroles, un dîner plantureux et vous noierez ce gros chagrin dans le fond des verres. Après, je vous le demande, que pourra vous refuser une créature que vous aurez ainsi rendue à la vie...

Quand on pense qu'il y en a qui seront plus incommodées par une digestion pénible que par l'excès de leur reconnaissance, et qui profiteront d'une absence prétextée par le besoin d'air pour *se trotter* avec votre porte-monnaie qu'elles vous auront subtilisé, sous le prétexte de conserver un souvenir de vos bonnes relations !

Quittez Paris, fuyez cette ville perdue comme on fuit la peste; dans le wagon, vous trouverez une délicieuse créature qui vous aidera à tuer les longues heures de la route. C'est encore un souvenir de la moderne Babylone, la dame qui fait les chemins de fer.

L'écrivain qui consacrera quelques heures à l'histoire édifiante de la banque de Monte-Carlo nous dira ce qu'il faut croire de l'histoire des femmes chargées par l'administration de ramener à la table de jeu le joueur prudent qui s'enfuit de la ville après une série heureuse. Ces dames travaillent aussi en chemin de fer.

VI

La chasse aux clients. — Les terrains. — L'ouvroir des filles repenties. — En référé.

En ces tristes années où la vertu domine, le client devient rare, le temps heureux n'est plus où les passages, les galeries étaient envahis par une foule de birbes polissons à la recherche d'une fille toujours occupée...

Il faut maintenant faire la chasse aux clients; et combien reviennent bredouilles de ces chasseresses qui n'ont certes pas la vertu de leur patronne mythologique!

Dépeuplés comme les autres terrains, paraît-il, celui de l'amour; les âmes charitables ne manquent cependant pas qui ouvrent à leur intention de nouveaux bastringues où elles peuvent venir dresser leurs collets. Chaque jour, un entrepreneur aux idées malsaines installe une brasserie, un bal, un spectacle quelconque; dans un décor qu'il suppose original, il trouve pour son lieu de débauche une appellation bizarre, et allez! en avant la musique! Ces dames accourent, lèvent la jambe, sont levées à leur tour. En quelques mois, les honorables propriétaires du lieu font fortune... ou faillite.

Ce qui me paraît admirable, c'est la tolérance (le mot est de rigueur) des propriétaires des immeubles où s'installent ces campements du vice. Je les soupçonne, ces bons propriétaires, pères de famille, être de ceux qui rédigent et font circuler des pétitions tendant à la suppression des couvertures illustrées! Qu'importe, ou plutôt, que leur importe! l'argent n'a pas d'odeur (sans cela il en exhalerait une bizarre en ce cas), et le loyer est toujours payé d'avance.

Bons pères de famille, permettez-moi de vous signaler l'existence, ignorée de vous probablement, de nombreuses brasseries à femmes, situées précisément tout à l'entour des collèges et des lycées que fréquentent les *fruits de vos entrailles,* pétitionnez, je vous prie!

Je crois que, cette fois, vous n'obtiendriez pas gain de cause; depuis des temps immémoriaux, en effet, nombre de filles, isolées, soumises ou non, vivent des économies des jeunes potaches, et les brasseries n'ont guère d'autres ressources.

En fait de ressource, il y aurait bien le référé dont vient d'user un propriétaire vraiment scrupuleux, celui-là, et dont on ne peut que louer l'initiative.

On lit dans tous les journaux du 14 décembre 1889 :

« Par ordonnance du président des référés, un établissement ouvert au n° 18 de la rue Soufflot vient d'être fermé.

« Cet établissement avait pour enseigne : *Ouvroir des filles repenties.* »

Le propriétaire n'avait loué le local affecté à l'*Ouvroir* qu'à la condition que la décence, le bon ordre et la tranquillité régneraient dans la brasserie.

Le titre était prématuré.

Eh bien, mais, messieurs les propriétaires, voilà une occasion de sortir votre vertu ! Par référé, obtenez de vous séparer des brasseries qui font l'ornement de vos rez-de-chaussée !

Farceurs ! vous savez tout aussi bien que nous que ces boîtes à prostitution font plus de mal à vos enfants que la vue de la couverture de l'*Amour à Paris,* dont la lecture certainement dut bien dérouter les pions voleurs qui saisirent, eux, le livre suivant la formule : « Confisqué jusqu'aux grandes vacances ! »

Et cependant, ce serait œuvre pie que de les fermer, ces boîtes qui, seules, gagnent encore de l'argent, grâce à leur jeune clientèle ; les autres végètent, périclitent, ferment peu à peu. Entrez dans une de ces brasseries, il y a deux ans, si bondées de consommateurs, emplissant les rues de leurs hommes-sandwichs, avec leurs affiches à réclames impudentes et impudiques. A peine dix consommateurs restés habitués, les femmes s'abrutissent, dorment sur les banquettes ou jouent au rams ou à la manille.

Et on se plaint ?... Mais notre fin de siècle me paraît très morale...

A moins que...

Aussi, quand ces faméliques amoureuses tombent sur un *miché* sérieux, ne serait-ce que d'apparence, fourvoyé là par hasard, il y a bataille, accaparement ; c'est à qui l'hébergera, moyennant finance, toujours ; et la scène du jugement de Pâris se renouvelle avec un cadre plus moderne. C'est à celle qui laissera le mieux voir des horizons pleins de... promesses que sera décernée la pomme. Pauvre berger !

Dans ces batailles, on joue parfois à qui perd gagne. La physiologie du lapin ayant déjà été traitée ailleurs, nous ne la recommencerons pas.

Si les malheureuses gardent le silence sur les lapins, elles clament bien haut les louis reçus ; c'est si rare maintenant !

VII

Des goûts et des couleurs.

Ces anges déchus rencontrent encore, de temps à autre, un rédempteur qui les recueille, leur offre à gîter, à souper et à... rester. La règle est cependant invariable :

> L'oiseau s'envole,
> Là-bas, là-bas.

Et avec lui les illusions du rédempteur. Heureux si son porte-monnaie et sa montre n'ont pas suivi ses illusions, auquel cas le commissaire de police a un gilet tout prêt à recueillir ses doléances.

On a vu pourtant de ces anges demeurer fidèles à leur sauveur, devenir des épouses morganatiques modèles.

Un petit fonctionnaire de l'Empire avait fait la connaissance, dans une maison de filles, d'une jeune femme dont il fit sa préférée. Elle lui fit remarquer, un soir, que sa tenue était défectueuse, des boutons manquaient a ses vêtements, son pantalon s'effrangeait par le bas; elle lui proposa, à son jour de sortie, de mettre ses affaires en ordre.

Elle s'en tirait passablement, paraît-il, et à la satisfaction de son ami; il lui laissa sa clef. Cela dura plusieurs années... Un beau jour, il l'épousa.

Et voilà comment il s'en trouve qui deviennent Madame la Ministre plénipotentiaire à X***. Celles-là donnent parfois à leur mari des enfants dont il a quelque droit de se dire le père. Mais c'est rare...

Il en est d'autres qui trouvent sur leur chemin d'aimables vieillards dont la seule joie est d'être agréables aux jeunes personnes dans l'embarras;

ceux que des passions séniles ne tourmentent pas sont la providence de la jeunesse féminine qui les recherche et en fait grand cas.

J'en connais un, de belle prestance, dont l'exigence est vraiment minime ! Pourvu que sa petite amie consente à l'accompagner, — tant bien que mal, — au piano, quand il chante d'un ton plaintif les rengaines pleurardes de sa jeunesse, voilà un homme content. Avouez que c'est de peu !...

Un autre bon vieillard subventionnait maigrement une bonne amie, mais à la condition expresse que celle-ci ne mettrait jamais le pied dehors ; la recluse ne sortait qu'à son bras, le concierge de la maison était chargé du service des provisions et de l'espionnage. Peines inutiles, la fillette avait pris pour amant le voisin du palier !

Le nombre est relativement considérable des femmes qui vivent des ces conditions, par simple paresse, afin de n'avoir aucun souci de la vie courante ; une somme parfois modique leur suffit, et certaines consentent volontiers à rester fidèles à leur amant, dans la crainte d'être privées, pour une escapade, de leurs subsides.

Elles mènent généralement la vie fainéante des femmes de maisons publiques, passent les deux tiers de leur existence dans leur lit; le reste du temps s'écoule à table ou dans les bras de leurs commanditaires.

Hélas! tous ces messieurs n'ont pas la raison qui convient à leur âge. Il en est parmi eux qui expriment des désirs hors de saison. Ces décadents ont des exigences, et leurs compagnes doivent s'y plier, heureuses encore quand ils ne s'écartent pas du domaine de l'habitude!...

Mais pour celles qui se soumettent à la dure loi du surnaturel, les bénéfices sont considérables et la réputation très étendue.

On vient du fond des provinces leur rendre visite... ou bien encore on les déplace moyennant une forte indemnité de voyage.

Elles seules connaissent l'art de manier le fouet, les verges, les longues lanières garnies de pointes et autres instruments de jouissances frénétiques.

Et elles s'enrichissent rapidement, celles qui consentent à remplir le rôle de bourreaux, car elles se prêtent moins facilement à celui de victimes! En récapitulant, on constata qu'une de ces femmes possédait une fortune de plus de trois cent mille francs!

Bien gagné, cet argent-là, quand on pense que ce n'est pas seulement sur eux-mêmes que les amateurs de tortures passent leurs fantaisies.

Récemment, un procès (il faut toujours puiser à cette source pour pouvoir conter des histoires vraies) mit au jour la bizarre fantaisie d'un sportsman. Ce personnage avait pour maîtresse une charmante fille qui ne cherchait, elle, que dans l'amour, sinon pur du moins simple, la satisfaction de ses sens. Il paraît que le monsieur avait besoin d'une excitation particulière, qu'il obtenait en faisant courir, autour de la chambre à coucher, sa belle en costume primitif, précipitant le mouvement à l'aide d'une chambrière.

Cela put marcher jusqu'au jour où l'excitation tardant à se produire, le sportsman administra à la pauvre fille une telle correction qu'elle resta sur le tapis.

Ce qui semblerait prouver qu'il est plus difficile de satisfaire les jeunes que les vieux, car, avec ces derniers, on peut au moins espérer une prompte défaillance... quand encore ils n'y mettent pas un entêtement irraisonné !

Les préférés de ces dames sont ceux qui contentent leurs manies d'une façon toute inoffensive; on exige un prix élevé, — ce qu'ils demandent sort de l'habitude ! — en échange d'une simple condescendance.

Un de ces malheureux se contentait de s'enivrer en compagnie de deux femmes vêtues d'une seule chemise de surah. Il ne les touchait pas. Quand l'ivresse le terrassait, il se roulait en hurlant.

Un de ces bons vieux dont il était question tout à l'heure avait, lui, une passion aussi bizarre dans la forme, aussi ignoble dans le fond.

La femme chargée de la satisfaire recevait à chaque visite une paire de bottines neuves. Les deux personnages, allégés de leurs vêtements, jouaient à *dada* tout autour de la pièce, la femme à cheval sur le dos du vieux, l'éperonnant à grands coups dans les flancs.

Et le *client* qui donne un louis à une fille pour qu'elle *fasse* un *miché*. Le temps que le couple passe à l'hôtel, le monomane stationne sous la porte, se promène de long en large sur le trottoir.

Un confrère du précédent, celui qui s'en va, dans un jardin public, s'asseoir à l'extrémité d'un banc occupé par une femme dont il a reconnu la fonction sociale. Il engage la conversation, l'amène au point grivois désiré, se trémousse au récit de la fille... et s'en va content!

Il en faut davantage pour exciter le bonhomme qui, moyennant un prix convenu, fait arrêter une fille à chaque banc qu'elle rencontre le long du Cours-la-Reine. Elle lève sa jupe, feint de rattacher sa jarretière, montre un mollet au galbe plus ou moins pur... Au bout d'un certain temps de ce manège, l'homme s'en va aussi content que le précédent.

Finissons. Aussi bien ces exemples multipliés ne prouvent qu'une malheureuse tendance de la pauvre espèce humaine à l'aberration sexuelle. A quoi attribuer ces désordres? A quelles causes? Elles sont multiples et ce n'est pas ici que nous pouvons faire œuvre de moraliste. Peut-être traiterons-nous cette question dans un ouvrage spécial, plus sévère de ton que celui-ci, qui n'est destiné qu'à donner au lecteur un tableau rapide sous toutes ses formes.

N'oublions pas, avant de clore ce chapitre, de rendre au sexe féminin ce qui lui appartient, en deux croquis :

Un jeune homme, raccroché par une fille, consentit à la suivre ; le prix fait, le marché conclu...

il fut fort intrigué de voir la jeune personne se refuser à toute espèce de rapprochement... Flairant un formidable lapin, il allait se fâcher, quand elle se précipita à ses genoux. . . .

. . . .

Elle répondit à sa demande d'explications :

« — Mon cher, je suis près de me marier, je travaille pour amasser ma dot, mais je veux me donner vierge à l'époux de mon choix !... »

Empruntons l'autre exemple à M. Delcourt, l'auteur d'un intéressant ouvrage : *le Vice à Paris* :

« Un soir, en une réunion très mondaine, un jeune homme, porteur d'un nom très connu autrefois dans le monde des lettres, remarqua une femme des plus séduisantes... et en fut remarqué. Un rendez-vous fut la conséquence de cette entente électrique.

« A l'heure du berger, le jeune homme voulut prendre possession de la dame ; mais celle-ci se révolta de la belle manière, à la grande stupéfaction de l'amoureux, qui crut devoir formuler quelques observations :

« — Je suis mariée, dit la dame, et *j'aime mon mari !*

« Malheureusement, j'ai... une passion... qui le répugne, et comme je ne peux vaincre ce désir, il faut bien que je le satisfasse !... Ah ! si mon mari voulait ! Mais il ne veut pas !... Je vous ai choisi, de préférence à d'autres, certaine de votre discrétion... et... »

Le jeune homme en passa par les désirs de la dame...

VIII

De la grandeur à la décadence.

u train qu'elles mènent, ces dames vieillissent vite; malgré le soin qu'elles prennent de dissimuler leurs rides et leurs cheveux blancs, elles n'arrivent qu'à s'illusionner seules sur leur décrépitude; l'amour et ses re-

venus font faux bond à l'ancienne prêtresse. Que devenir?

Proxénète.

Honnête femme.

Rouleuse de bouges.

A celle qui a su conserver de *belles* relations, il reste la ressource de se mettre pourvoyeuse; ne travaillant plus pour son compte, elle fait la commission ; cela ira ainsi jusqu'à la fin, ou à peu près.

A celle qui, prévoyante de l'avenir, aura su amasser quelques sous, même quelques billets bleus, il reste un beau mariage à faire avec quelque jeune homme distingué (l'annonce le dit du moins) désirant faire le bonheur d'une vieille rouleuse, en mangeant le produit de ses veilles. Dans cette série-là, il en est qui préfèrent se retirer seules à la campagne, jouer à la châtelaine, faire *du bien* aux pauvres, après en avoir tant fait aux riches.

A la cigale, ayant chanté jusqu'à l'extrême automne, il reste la rue ; borgne, sinistre, aux coins noirs et pestilentiels ; les palissades des démolitions, les constructions inachevées, aux plâtres humides, elle ira sans but, suiveuse d'ivrognes, gibier d'agents, toujours aux aguets. Ses rares moments de calme s'écouleront dans un bouge infâme.

La rue des Filles-Dieu, récemment élargie, assainie, possédait les plus horribles spécimens de ces bouges; on en rencontre encore quelques-uns dans les rues Brise-Miche, Simon-le-Franc, etc. Dans les escaliers de ces maisons, on monte à quatre pattes; il est impossible, à moins d'être de très petite taille, de se tenir debout; la rue est encombrée, pavée d'ordures puantes, nauséabondes, les portes basses, fermées par des battants à claire-voie que l'on enlève la nuit venue, donnent sur des allées sombres, où jamais le jour ne pénètre; les dalles disjointes, brisées, se soulèvent et forment des accidents de terrain fort capables d'amener des accidents de personnes; l'escalier grimpé, on pénètre dans un taudis lamentable, où séjourne une âcre odeur; l'odorat distingue l'émanation d'une lampe à pétrole falsifié, mélangée à celle de parfums populaires, le tout dominé par un goût de moisissure et de bestialité... Aux fenêtres des loques pendent, prétentieuses et sales : ce sont les rideaux que tire la fille qu'accompagne un client... Aux murs, d'invariables nudités chromolithographiées, une rose en papier aux teintes passées, des médaillons en plâtre achetés aux Italiens qui brocantent ces épreuves des chefs-d'œuvre antiques.

Une vague commode porte une cuvette et un pot à l'eau, couverts d'une serviette aux longues-traînées de crasse, deux chaises dans l'étroit passage laissé par la couchette de fer, dont l'absence de drap est dissimulée péniblement par une béante couverture d'indienne, aux blessures effilochées produites par les pieds des clients.

Dans ces chambres de passe, la *fille* (pauvre vieille fille !) usée vient terminer là une carrière trop remplie ; il en est plusieurs qui, lors de la démolition de la rue des Filles-Dieu, ne purent retrouver de logis ; trop vieilles pour aller exercer ailleurs leur triste métier, on les casa dans les hospices, à la Salpêtrière, où l'on put.

Heureuses encore, celles-là! elles auront le vivre et le couvert. Mais les autres, il arrive malgré tout que la décrépitude a fait de ces êtres, autrefois gracieux et attrayants, des monstres repoussants, à l'haleine empoisonnée d'alcool, à la voix rauque, aux yeux chassieux, aux mains tremblantes... Que deviennent-ils?

Le matin aux portes des casernes, des restaurants charitables, des maisons signalées comme distribuant le sou quotidien ou hebdomadaire, vous verrez une longue queue de mendiants, misérables, loqueteux, frissonnants sous le gel qui mord leur peau mal abritée par des haillons sans forme ni couleur; ils attendent... Et tout le jour ils vont et viennent, déambulent à travers l'immense ville, courant d'une maison à l'autre, parfois arrivant trop tard, l'heure est passée !... Alors les yeux pleins de larmes, le dos voûté, les jambes cassées par la fatigue des longues courses, ils s'en vont; dans un cabas ils traînent tout ce qui constitue leur avoir : de vieilles croûtes qu'une charitable ménagère qui n'a pas de chien à nourrir leur réserve, des choses pourries glanées sur les tas, le matin, aux Halles, — parfois un sou... Le soir, les dessous de ponts, les carrières, tout ce qui est trou habitable reçoit son hôte... Et le sommeil clôt leur paupière... Rêvent-elles aux splendeurs passées, les pauvres travailleuses de l'amour ?... Quels beaux rêves alors!

IX

L'étrange et l'étranger. — Repeuplons! Repeuplons!

L'exotisme est fort prisé par la clientèle des femmes galantes, l'Exposition universelle en est la preuve la plus récente; au grand détriment des indigènes, le succès s'est dessiné en faveur des Espagnoles, des Roumaines, des Hollandaises, des Russes, etc., qui la plupart n'avaient de leur nationalité qu'un costume fantaisiste.

Combien ces dames maudirent l'ordonnance qui interdit le déguisement en dehors des jours de carnaval ! Et, sans cette bienheureuse ordonnance, quel spectacle eût offert notre bon Paris, si indulgent aux fantaisies les plus désordonnées!

Cependant elles n'eurent pas trop à se plaindre, croyons-nous; les nobles étrangers leur offrirent de nombreux dédommagements. Si nombreux que pendant les six mois que dura la grande fête internationale la province en fut réduite à la portion très congrue des trop vieilles pour pouvoir espérer faire aucune affaire à Paris.

Cette attraction de l'étranger et de l'étrange... s'imposa aussi bien au sexe faible qu'au sexe fort, la chronique a relaté en son temps le prodigieux succès auprès du féminin, des âniers de la rue du Caire, troupe malpropre de chenapans recrutés sur les bords du Nil pour la plus grande distraction des Parisiens et des Parisiennes, avides des sensations nouvelles. L'enthousiasme apparent allait aux petits ânes gris, l'engouement seul fut pour les âniers... Ce qu'il y a de certain, c'est qu'au retour la troupe comptait un membre de moins...

Et l'aventure de la gitana Soledad? Et l'aventure des deux Grenelloises, dont les épîtres brûlantes tombèrent entre les mains de l'autorité...

Allons ! si le proverbe est vrai : qu'on ne récolte que ce qu'on a semé 1890, devra faire remonter le niveau de la population en cette pauvre France si dépeuplée que chaque jour les journaux exhortent leurs lecteurs à procréer, afin de maintenir le pays au rang des premières puissances de l'Europe.

Mais quelle variété de types vont nous donner les naissances en cette année 1890, et combien serait intéressante l'adjonction au bulletin statistique publié chaque semaine, l'appréciation d'un spécialiste sur les naissances parisiennes du premier semestre.

DEUXIÈME PARTIE

I

Lesbos et ses prêtresses.

Cette partie de l'armée du vice est la plus scabreuse à traiter : avec l'accès de vertu parisienne qui vient d'éclater, sans avertissement préalable, je suis fort embarrassé pour traiter sans encourir une condamnation sévère un sujet que bien d'autres avant moi ont traité sans aucune réserve.

Par ce temps de campagne outrancière contre des dessins et des écrits que, sans autre examen, des gens, sans doute fort bien intentionnés, n'hésitent pas à traiter de pornographes, jamais le vice ne s'est offert un champ plus large.

Ne pas en accuser la plume ni le crayon! ni l'un ni l'autre ne sont coupables d'autre crime que d'avoir dépeint, chacun à sa manière, les mœurs actuelles.

— Ça n'est pas vrai! Il y a encore des gens vertueux, que l'antiphysisme n'attire pas, qui n'ont jamais...

Le procédé est connu, nous n'irons pas plus loin dans la discussion. Contentons-nous de faire remarquer seulement aux réclamants que l'étude des vices n'en est pas forcément l'apologie, et que même si cette étude répugne aux trop pudibonds, ils ont encore la ressource de laisser le livre qui traite ces questions sur le comptoir du libraire, ils peuvent détourner les yeux des couvertures légères...

Ceci dit, continuons notre chemin... en prenant garde qu'il n'aboutisse à la porte de Sainte-Pélagie!

La lesbienne se rencontre assez fréquemment

dans le grand bataillon de la rue. Elle n'est plus très jeune, elle approche de la trentaine, parfois la dépasse. Elle subit l'homme, se livre à lui inerte, froide, ne le considérant que comme un mal nécessaire, nécessaire à la vie, nécessaire à l'entretien de l'amie dont elle est la maîtresse fidèle, jalouse, dominatrice. Et en cela nous différons d'opinion avec plusieurs auteurs qui ont traité ce sujet : la femme qui en entretient une autre la prend généralement plus jeune, plus frêle qu'elle, afin de la garder sous sa coupe, la défendre contre les tentations amoureuses des autres femmes. Nous n'avons connu qu'un type de souteneur femelle, nous ne le retracerons pas ici, l'ayant déjà dépeint dans l'*Amour à Paris*. Ces fleurs de vice éclosent en quantités innombrables dans l'atmosphère surchauffée des maisons de tolérance. Ce n'est pas précisément pour le plaisir de la patronne. Il est certaines de ces maisons qui sont réputées pour n'avoir que des *attelages* ou *petits ménages*. Ce sont les vocables usités pour désigner les couples unis dans la même passion antiphysique.

Nous croyons pouvoir, — sans dépasser la mesure — affirmer que cette perversion est encore une source de revenu pour *Madame*. Les clients amateurs sont autorisés, moyennant la forte somme, à réclamer le spectacle d'un couple féminin s'ébattant.

Les femmes, dans ce cas, simulent le spasme. L'amour lesbien, comme l'autre amour, réclame pour sa pleine satisfaction, sinon l'ombre, du moins le mystère.

Dans les maisons à estaminet des boulevards extérieurs, la clientèle, ne se souciant pas de la vue, l'exploitation du vice lesbien n'offre aucune compensation à la perte subie par la maison du fait de la répugnance qu'éprouve la femme adonnée à ces pratiques. Le souteneur est là, heureusement, qui veille au grain. Si deux femmes, soupçonnées d'entretenir des relations illicites, s'éloignent ensemble, un de ces messieurs, établis en permanence dans l'estaminet, s'élance à leur suite; au bout de quelques instants, l'explication est terminée, chacun reprend son poste;

les femmes ont bien la peau un peu marbrée par les gifles ou les coups de poing, mais elles rentrent dans le droit chemin !

Des scandales éclatant tout à coup, malgré tous les soins apportés à leur étouffement, apprennent à notre vertueuse population, qui s'en indigne, que de nobles dames n'ont pas dédaigné de venir prendre part aux jeux de l'amour lesbien, dans des maisons où leur admission avait lieu au mépris de tous les règlements.

En haut lieu, il faut le dire, on fait le nécessaire pour éviter que les détraquées puissent s'introduire ainsi dans des maisons qui n'ont pas été créées positivement pour elles ; mais, comme on peut le croire, mesdames les maquerelles sont surtout disposées à entraver l'action de la police.

Quel besoin, au reste, d'aller chercher là ce qu'elles peuvent rencontrer à chaque coin de rue, sur chaque pavé ? Ce vice s'est développé dans d'effrayantes proportions depuis quelques années, et c'est chose fréquente de croiser aujourd'hui un couple féminin, bras dessus, bras dessous, les yeux dans les yeux...

A qui incombe la responsabilité de ce développement?... Peut-être est-ce le résultat d'une trop rigide vertu de la part de nos contemporains? Quoi qu'il en soit, si l'on veut arrêter les progrès de ce mal, il est temps d'en chercher le remède. Comme nous n'écrivons pas un traité médical des passions, mais une simple étude du vice, nous n'entamerons pas un chapitre qui nous entraînerait trop loin de notre sujet.

Mais encore un peu de temps, et le mot de Gavarni n'aura plus son application, et la lorette vieillie fera mieux de s'écrier :

— Dieu garde vos filles des miennes! — que Dieu garde vos fils de mes filles!

Si encore une flétrissure s'imposait à celle convaincue de tribadisme! Mais, bien au contraire, une sorte d'auréole l'enveloppe, et ses moindres gestes, ses liaisons, ses ruptures, fon·

l'objet d'une chronique scandaleuse suivie avidement par une société au sens moral si peu perverti qu'il est nécessaire de s'en écarter pour pouvoir retrouver, loin d'elle, la notion vraie des choses, le sentiment exact des situations.

II

Sodome et ses prêtres.

Cette bonne société, qui chante les louanges de la tribade, n'en est pas encore, heureusement ! à chanter celles du pédéraste. Nous doutons même qu'elle y arrive, malgré le cynisme qu'elle décore du doux nom de tolérance, le vrai, le seul mot qui puisse convenir.

Il peut arriver au plus honnête homme de la terre de se trouver pris dans un groupe, dans une foule, et de ne pouvoir se dégager immédiatement.

Dans ce groupe, dans cette foule, à la devanture d'une boutique, à la Salle des Ventes, partout enfin se trouve au moins un de ces misérables contre lesquels la justice n'a pas d'armes suffisantes, à notre avis.

Pressé de tous côtés, le malheureux sur qui le pédéraste a jeté son dévolu sent tout à coup une main se glisser le long de son corps; il croit à une inadvertance de l'individu qui le frôle et ne bouge pas; l'autre réitère... plus de doute, c'est un voleur! Fermant son paletot, mettant les mains dans ses poches, la victime attend un moment propice pour filer... Les attouchements continuent, se pressent, le pédéraste s'agite, se colle le long du patient choisi par lui... jusqu'à ce qu'une brusque secousse, un geste de menace, un regard l'avertisse qu'il fait fausse route.

Le plus grand malheur, c'est que le respect humain condamne la plupart du temps l'honnête homme à s'éloigner, le rouge au front, l'indignation au cœur, tandis que le pédéraste continue son manège, cherchant... sa voie. Pas un sur mille des tripotés n'en flanque une sérieuse au drôle qui la mérite dix fois par heure! C'est ce qui leur donne cet aplomb insensé, cette belle assurance avec lesquels ils opèrent.

En 1875, un Allemand, Henri Marx, a publié, sous le titre d'*Urnings liebe*, une défense de l'antiphysisme. J'espère, pour sa gloire, que les pédérastes de tous les pays lui ont envoyé des couronnes.

L'injure la plus grave que puisse adresser un individu à un autre, c'est de lui attribuer ce vice antiphysique; malheureusement, plus on va, moins l'injure tombe à faux.

La loi, comme nous le disions tout à l'heure, n'ayant pas prévu ce crime, il n'y a aucune répression pour le délit en lui-même. Si les faits se produisent en présence de témoins, ou dans un lieu accessible aux regards, il y aura outrage public à la pudeur. Nous le regrettons; deux amoureux trop pressés seront condamnés au même titre qu'un pédéraste pour s'être laissé pincer dans le bois de Saint-Cloud par un garde à cheval... sur la morale ? C'est regrettable, répétons-le. Si le code ne punit pas la pédérastie, élargissez le code; cela évitera peut-être d'autres élargissements...

Surtout, ce que nous voudrions qu'on appliquât, c'est l'article du code qui proclame l'égalité devant la loi!

Ce n'est pas une raison suffisante pour échapper au châtiment mérité que de posséder une fortune, qui permet au coupable de se tirer d'un mauvais pas en abandonnant une somme quelconque, fût-ce au profit des pauvres.

Le profit des pauvres serait que le pédéraste fût exécuté avec le plus d'éclat possible.

— Au scandale!

Parfaitement! et au grand scandale encore! Je sais bien que nous serons peu de mon avis, sans doute, mais d'abord le principe égalitaire l'exige. De plus, ma conviction profonde est que ce scandale diminuerait dans de notables proportions le nombre des individus adonnés (ou abonnés, si vous voulez) à ces immondes pratiques.

Et encore, n'est-ce pas l'individu possesseur

d'une fortune qui lui permet de débaucher les voyous qui grouillent dans les bas-fonds, qui est le vrai coupable? Je ne puis croire que ce soit par amour que les patients se prosternent ainsi devant eux.

III

Détails intimes.

Les pédérastes sont peut-être les plus actifs soldats de l'armée du vice, et malgré la répugnance extrême que nous éprouvons à traiter ce sujet, il nous faut, à cause des points de contact qu'ils ont avec la fille, achever, bien malgré nous, le tableau commencé.

On désigne ces êtres hybrides, dans le langage populaire, par les mots de *tante, tapette, rivette*.

Dans cette catégorie d'individus on distingue deux classes :

Les amateurs, ceux qui recherchent dans la pédérastie la seule satisfaction de leurs sens.

Les prostitués qui trafiquent de leur corps ; ceux-ci prennent le nom de *Jésus*.

Les gens atteints de cette monstrueuse passion prétendent se reconnaître infailliblement à des signes distincts. Alors pourquoi s'adressent-ils si fréquemment à des individus *qui ne sont pas de la partie?* Est-ce pour recruter des adhérents ?...

La lâcheté des pédérastes n'a d'égale que leur cynisme : tremblants, peureux devant l'opinion publique, ils affichent entre eux leur infâme passion sans aucune pudeur. Dans leurs réunions, ils se livrent à des propos et même à des actes d'une odieuse bestialité; parfois, non satisfaits d'opérer ensemble, ils adjoignent à leurs orgies des animaux dressés spécialement.

Delcourt et Virmaître content tous deux l'histoire de la fille S..., condamnée à six mois de prison pour excitation de mineures à la débauche.

Cette fille avait monté, rue Dalayrac un établissement spécial, alimenté par une clientèle variée qu'elle divisait en trois genres :

1° Les acteurs, payant cent ou cent cinquante francs de cachet;

2° Les spectateurs qui, moyennant vingt ou trente francs, assistaient aux scènes d'orgie.

3° Les petits jeunes gens, acteurs passifs dont on récompensait les services par de menues sommes d'argent.

Le théâtre des ébats de ces misérables était merveilleusement disposé. Un fort beau salon circulaire était entouré d'une ceinture de petites loges.

On trouva là plusieurs individus dans les costumes les plus fantastiques.

Un homme d'une cinquantaine d'années, vêtu d'un seul corset en satin rouge.

Un autre, couvert d'un fichu de dentelles et d'une jupe en satin prune, puis d'autres, d'autres encore...

Dans les accessoires on recueillit deux costumes de sœurs de Saint-Vincent-de-Paul, des corsets, des plumeaux, des plumes de paon.

Enfin, on saisit jusqu'à un superbe danois, acteur inconscient.....

Nous avons omis volontairement de citer les professions des individus surpris en flagrant délit, depuis le temps que l'affaire s'est jugée. Cela offre moins d'intérêt; on aurait pu constater cependant que tous appartenaient à d'honorables corporations, ce que nous signalerons à chaque instant dans le cours de cette étude.

Admettons que ces êtres dégradés soient encore presque dignes de pitié. Pourquoi ne pas condamner à des peines extrêmement sévères les proxénètes qui se chargent de leur fournir ce qui leur est nécessaire pour la satisfaction de leur dégradante passion?

Si perverti qu'il soit, le mineur que l'on attire là pour la première fois n'en sortira-t-il pas un peu plus dégradé encore et flétri pour toujours? Les travaux forcés à temps plus ou moins long nous semblent tout juste suffisants pour les immondes créatures qui trafiquent de la jeunesse, fût-elle toute prête à céder à leurs tentations. Et d'ailleurs, en les condamnant très sévèrement et pour un temps assez long, on leur éviterait de collectionner par douzaines les condamnations bénignes qu'on leur inflige.

Quand on pense que les êtres qui s'adonnent à ces honteuses pratiques sont jaloux!...

Jalousie particulière, inexplicable, qu'ils poussent aux plus extrêmes limites; dont le seul mobile est souvent l'amour-propre froissé. Pour la satisfaire ils se servent de leur arme préférée, la lettre anonyme, agrémentée de dessins immondes.

L'immondice est d'ailleurs leur élément. On les rencontre dans les water-closets (*voir à ce propos dans le livre de M. Carlier, les Deux Prostitutions, une bien amusante anecdote malgré la laideur du sujet*) auprès des latrines du bord de l'eau, dans les urinoirs des Champs-Élysées, etc

Chez eux, la passion supprime les distances : un comte s'accouple à un vagabond, un élégant à un voleur en guenilles, etc.

Parfois, afin de les avoir à toute occasion sous

la main, les fortunés font d'un voyou leur domestique.

Ils s'écrivent des lettres dans le goût de celle-ci :

« Profite du temps que tu passes à la campagne pour prendre un bain en rivière, pour raccommoder tes vêtements et te nettoyer un peu ; sans cela je serais obligé de ne plus te recevoir, tu es trop compromettant. »

Un vicomte écrit à son ancien cocher :

« Mon bon petit chéri,

« J'étais de retour à Paris depuis plusieurs jours, lorsque hier j'ai reçu ta lettre ; elle m'a fait plaisir, comme tu le penses bien. Tu n'es vraiment pas raisonnable de t'occuper de P... ; il n'est pas venu à Paris, on vous le jure, vieux jaloux...

« Reviens-moi le plus tôt possible ; écris-moi de B*** le jour et l'heure de ton arrivée pour que je puisse aller te chercher à la gare.

« A bientôt, ma petite bibiche ; je t'embrasse de tout mon cœur. »

Il y a, dans cette Société, des hommes entretenus selon les moyens des enteteneurs.

Celui-ci donne juste de quoi vivre dans un hôtel garni ; celui-là subvient à une vie plus large, dans un petit logement ; cet autre donne le luxe et le superflu dans un somptueux appartement. Ils forment aussi des ménages, vivent *maritalement* avec un des leurs qu'ils entretiennent dans l'oisiveté.

Cette pratique est ancienne, et ces mœurs ne sont pas récentes, le bizarre est que, pour pouvoir en parler, les décrire, on est forcé d'employer des mots qui jurent effroyablement de se voir appliquer à cette sorte d'individus.

Il est évident qu'on ne pouvait créer une langue spéciale à leur corporation, le mieux eût été de la faire disparaître, si la chose était possible. Il paraît que non ; l'argot s'est contenté de leur procurer deux ou trois désignations, eux ont trouvé plus simple de féminiser leurs noms et leur nature.

Comme les filles, ils s'affublent de titres imaginaires, les uns empruntés à leur simple fantaisie, les autres à de grands noms historiques.

Il y a parmi eux des duchesses de Lamballe, des margraves de Saint-Léon, une princesse Salomé, une Valentine d'Armentières, etc.

Les lettrés s'appellent Adrienne Lecouvreur, Fédora, Lodoïska, la Esméralda, la Fanchonette.

Enfin, il en est qui, sans gêne, prennent le nom des grandes horizontales de leur temps, certains que ces dames ne leur réclameront rien pour cette escroquerie.

C'est Cora Pearl, la Schneider, Rigolette, Pomaré, Marguerite Gautier.

Ce dernier doit faire son effet quand il arbore les fameux camélias rouges!

Quand cette vermine s'en va par troupe, cela fait un bruit de tous les diables, leurs voix aiguës s'entendent de fort loin, et les *« ma chère »* *« ma* belle » leur coulent des lèvres comme de la bave, c'est qu'ils se prennent au sérieux !

Comme la fille, le pédéraste fait sa retape et n'a aucune honte de venir *travailler* auprès d'elle sur les boulevards. Vêtu d'un costume étriqué qui lui permet d'étaler à tous les regards ses avantages, la raie allant du front à la nuque, maquillé, une cigarette aux lèvres, le *Jésus* va et vient, le regard en coulisse, la bouche en cœur, le sourire aux lèvres ; il joue avec une mince badine — qu'on peut lui arracher des mains et lui casser sur la figure si sa prompte fuite vous en laisse le temps.

Dans l'*Amour à Paris*, nous avons rapporté la conversation d'un vieux cocher à propos de l'amour en fiacre. Si ces braves automédons tolèrent encore quelquefois la présence d'une fille dans leur guimbarde, jamais ils n'autorisent deux pédérastes à venir causer trop intimement de leurs petites affaires. Si par malheur un couple de ce genre s'est introduit frauduleusement dans son véhicule, c'est à coups de fouet que le cocher le fera évacuer, si le cœur ne lui dit pas de les déposer au plus proche des violons qu'il trouve sur sa route, en les recommandant aux bons soins de MM. les sergents de ville.

Comme dans la prostitution féminine, on trouve chez les pédérastes des entretenus en commandite, toujours cette commandite reconnue par les commanditaires ! Ces gens-là n'ont même pas une générosité à la hauteur de leurs vices !

La vie de l'entretenu est la même que celle de l'entretenue, la fainéantise domine. Levé tard, il fait sa toilette à l'aide d'une femme de chambre représentée par un vieux pédéraste en retraite. L'après-midi se passe en visites ; l'heure venue, il dîne dans un restaurant chic, de là, va au théâtre, au concert, ou reçoit ou est reçu !

Les réceptions de ce genre de monde sont très fermées (j'avoue qu'en écrivant cette rapide étude, il m'arrive de faire, en écrivant certains mots, des réflexions de fort mauvais goût que je m'empresse de ne pas communiquer au lecteur,

— toutefois ce n'est pas ma faute si notre pauvre langue manque de mots nécessaires pour éviter qu'un double sens s'attache à des phrases très innocentes par elles-mêmes).

Pour éviter une indiscrétion, les amphitryons prennent toutes leurs précautions; le scandale qui pourrait résulter de la découverte de leurs turpitudes les effraye. S'ils vont dans un grand restaurant louer un local, c'est sous un faux nom, un maître d'hôtel *de la partie* se chargera de fournir le personnel nécessaire; une fois réunis, on clora les portes de la salle et tout ce monde sera là comme chez lui.

Et puis, allez donc au premier coup d'œil les reconnaître pour ce qu'ils sont sous leurs déguisements féminins : sous leurs perruques, dans leurs toilettes, avec leur face imberbe, on peut s'y méprendre, et d'ailleurs, ils ne laissent pas à l'observateur le temps nécessaire de les dévisager, de leur voiture à la salle réservée ils ne font qu'un saut.

Comme chez les horizontales de marque, on

fête les nouvelles conquêtes en donnant une soirée; il s'y perpètre une parodie de la cérémonie nuptiale prise très au sérieux par tout ce monde, tant il est vrai que l'aberration du sens génésique entraîne avec elle la perte de tout sens moral !

La *mariée,* en toilette blanche et des fleurs d'oranger dans sa perruque, fait les honneurs, assistée du nouvel entreteneur en habit noir.

Les toilettes sont d'un luxe effréné; en lisant leur description on se croirait à un mariage sérieux dans le vrai monde.

Il y a une corbeille! qui parfois atteint un prix considérable, et, la soirée terminée, les *jeunes époux* partent pour un mariage de noce!!!...

Grâce à la fortune considérable de ces ignobles pratiquants, l'impunité leur est trop souvent acquise; c'est très, très regrettable, et nous avouons que toutes nos sympathies iraient au législateur qui trouverait le moyen d'introduire dans le Code français une loi condamnant à la déportation les pédérastes, en ajoutant la confiscation des biens, pour ceux qui en ont, au profit des pauvres... On verrait peut-être moins de mendiants... ou moins de pédérastes!

Ne crions pas trop contre une peine aussi sévère, les débordements de ces misérables ont cruellement atteint parfois des familles entières, fort honorables, que la conduite d'un de leurs membres a réduites au désespoir.

La fameuse *Princesse Salomé* entretenait chez lui, auprès de sa femme et de ses filles, un voleur ramassé dans la rue ; pour pouvoir l'introduire dans le domicile conjugal, il l'avait fait passer pour le fils d'un de ses amis habitant la province! et quand les deux acolytes se séparèrent, le vagabond se fit remettre 20,000 francs par son généreux amant!

N'y avait-il pas dans ce seul fait matière à condamnation rigoureuse pour celui qui se faisait appeler la *Princesse Salomé?*

On me dira que le scandale eût rejailli sur une femme et des jeunes filles innocentes!

J'avoue qu'il eût été préférable d'attendre que

le malfaiteur dévalisât son amant ou violât une de ses filles.

Cela ne s'est pas présenté et c'est très heureux, je me hâte de le dire. Mais cela *pouvait* se présenter.

D'ailleurs, le seul fait de la présence de ce vagabond sous le toit conjugal constituait à lui seul le plus monstrueux de tous les adultères.....

Mais, si je ne m'abuse, je suis en train de discuter quand mon modeste rôle doit, pour l'instant, se borner à retracer le genre de vie que mènent les antiphysiques...

Aller plus avant dans ce sujet me semble maintenant inutile, d'autant plus que d'autres, plus autorisés que moi, l'ont développé d'une façon intéressante ; il est donc oiseux de redire ce qui a été si bien dit ; il était cependant nécessaire d'indiquer au moins ce genre d'individus dans un livre qui porte le titre d'*Armée du Vice*. Car leur vice, à eux, est le plus effroyable de tous et fait plus de ravages, cause à lui seul plus de douleurs aux honnêtes gens que la prostitution féminine, naturelle ou antiphysique soit-elle.

Le lecteur, curieux d'étudier les mœurs que nous lui avons fait seulement entrevoir, doit lire l'ouvrage de M. Carlier, plusieurs fois signalé au cours des précédents chapitres; il y trouvera, avec les renseignements les plus détaillés, un enseignement moral d'une haute valeur.

IV

Souteneurs et Souteneurs.

Si par souteneur, que le vulgaire prononce maquereau, on entend simplement désigner l'individu qui vit du produit de la prostitution des filles, quelle qualification doit-on appliquer à tous les personnages, indistinctement, qui tirent leurs moyens d'existence du concours intéressé qu'ils apportent à l'extension de cette même prostitution?

Le propriétaire qui loue son immeuble à une maîtresse de maison?

Le principal locataire ou le propriétaire d'un

hôtel meublé qui loue ses chambres à la passe ou à la nuit?

La marchande à la toilette qui porte les lettres, trafique des rendez-vous, tient la chandelle, rince la cuvette, en extrait l'or, laisse la monnaie au principal ouvrier?

Le tapissier qui meuble la fille et se paye par des prélèvements sur les recettes?

La bonne, le portier qui ouvrent la porte, tirent le cordon moyennant pourboire?

Le patron du café ou du restaurant à la mode qui met à la caisse l'addition des bocks de la retapeuse mal en veine?

Et tous ceux que nous oublions...

Il en est, parmi tous ces industriels exploitant le vice comme la mine féconde d'où sortent de gros bénéfices, qui se révolteraient à la seule pensée qu'on puisse douter de leur conscience... commerciale. Leurs échéances sont toujours réglées à heure fixe, et ils n'ont pas assez de mépris pour ceux de leurs confrères qui, mangeant leurs fonds, s'abaissent jusqu'à frayer avec la clientèle...

C'est la note caractéristique de ces industriels exploitant sans vergogne la fille qui ne travaille guère que pour eux. Ils exigent d'elle le respect absolu de l'être déchu pour leur honnêteté sans tache, dédaigneux, méprisants en dehors de leur service auprès d'elle.

La bonne bête de somme, le plus possible de grosse somme, accepte toutes les avanies sans en concevoir la suprême injustice, estimant que, puisqu'elle est infâme, il est bon qu'on le lui fasse sentir; mais comme tout n'est pas mort chez elle, elle prend pour remplir le vide affreux qu'elle sent en son cœur un amant qu'elle comble de prévenances, disputant pour lui aux rapaces trafiquants de sa chair les pièces de vingt sous qu'il accepte en rechignant, la quantité ne lui semblant jamais suffisante.

On s'est toujours demandé si l'intérêt s'alliait à l'amour dans ces liaisons; si la fille prenait un souteneur dans le seul but d'avoir à contempler un être tombé plus bas qu'elle, ou bien si la crainte continuelle d'être assaillie, rouée de coups, dévalisée, ne lui faisait pas rechercher dans le mâle auquel elle s'accouple une protection contre le client douteux, une défense, un abri souvent illusoire, en cas d'infraction aux règlements de police.

Il entre des deux sentiments dans leur association. La femme se sent isolée, dans un milieu hostile, prêt à la dévorer si elle tombe, lassée par le sort et l'homme qui la protège, tout en la maltraitant, lui paraît encore plus acceptable, prenant sa part d'infamie commune, que ces vertueux exploiteurs qui, au premier mot de révolte, lui font mettre la main au collet par les agents.

Ah! évidemment, dans ces ménages formés par la paresse et la débauche, l'union, pour libre qu'elle soit, n'en est pas moins fréquemment troublée, les querelles surgissent à chaque instant, suscitées par la jalousie, l'intérêt; les gifles, les coups de poing, les coups de pied pleuvent dru comme grêle en mars, heureuse encore, la pauvre fille, si le couteau ne se met pas de la partie! En ce cas, une haine profonde fait place à l'amour qui les liait : comme le souteneur a toujours plusieurs méfaits sur la conscience, il est facile à son ancienne maîtresse de le recommander aux soins du procureur de la République, ce qu'elle s'empresse de faire au moyen d'une lettre anonyme, afin d'éviter (ce qu'elle n'évite pas toujours) d'être assassinée par l'individu furieux de se voir dénoncé par celle qui fut sa complice, car la plupart aident ces bandits dans l'accomplissement de leurs crimes.

V

Qui va du souteneur en débine à la fille veinarde.

La vie du souteneur est aujourd'hui fort connue : on sait que cette sorte d'individus n'a pas de profession fixe ou avouable ; le travail qu'il préfère à tout est la surveillance de sa *marmite*. Parfois cependant, la marmite est au repos, sous la bienveillante égide de l'administration qui tient à sa santé et lui offre de venir passer quelques semaines à l'abri des tentations, dans le haut du faubourg Saint-Denis.

C'est alors que les temps deviennent durs pour ce pauvre *mac !* Il s'embauche comme camelot dans une équipe de marchands de billets, d'ouvreurs de portières, etc. Si tout cela ne produit pas suffisamment ou est encombré, il lui reste la ressource des gares, de l'Hôtel des Ventes autour desquels il rôde, s'improvisant commissionnaire, débardeur, etc.

Cela encore ne lui plaît ou ne lui réussit qu'à moitié. Alors lentement, il s'en va par les rues, les coudes au corps, les mains dans les poches, caressant le surin effilé avec la vague tentation d'en jouer...; il s'en vient traîner autour des marchandes de soupe, de café noir, qui débitent leurs consommations le matin, aux Halles. Dès qu'ils aperçoivent une ménagère, une bonne qui leur paraît facile à s'attendrir, ils s'approchent et du ton dont leur marmite, hélas! renversée, sollicite le « joli garçon », ils susurrent.

— ... Pas mangé depuis hier... moi deux sous pour m' payer une soupe!

La ménagère compatissante allonge les « deux ronds » à la marchande qui sert le vagabond en haussant les épaules; celui-ci avale la soupe fumante, l'œil sur le « cogne » qui le guette, prêt à lui mettre la main dessus s'il le pince en flagrant délit de mendicité.

Il y a des jours où la déveine persiste : pas même une soupe ! et plus de frusques, elles s'en vont en lambeaux, effritées aux promiscuités des murs rugueux qui abritent ses nuits : plus de fond à la culotte qu'une ficelle maintient à grand'-peine, mais toujours dans la poche du pantalon, frétillant, bâillant d'impatience, le surin à la lame aiguë, brillante sous les incessantes caresses du grès contre lequel son propriétaire le promène sans cesse pour l'entretenir... Et le soir, au lieu de retourner à sa place sous l'arche du pont, il s'en va rôder dans les quartiers déserts, guettant le passant attardé... Le lendemain, il a de quoi déjeuner, boire et aussi de quoi le conduire à la Butte; mais cela c'est le désagrément du métier... Pourquoi qu'*ils* y ont pris sa marmite ?...

C'est qu'il n'en a qu'une, lui; il n'est pas de ces hommes qui peuvent faire une tournée et ramasser le *prêt*. Ceux-là sont à l'abri du besoin ! Une d'emballée, dix de retrouvées, et jamais la galette ne leur manque. Mais aussi, une telle situation demande des efforts, et pour l'acquérir et pour la conserver. On ne devient pas la *terreur* de Grenelle ou de Montrouge en restant dans les jupes crottées de ces dames, il faut faire quelques *coups* sérieux pour avoir le droit de réquisition indiscutable et indiscuté.

De ces *terreurs*, combien peu meurent de leur belle mort! Pour presque tous, un matin, la porte de la grande Roquette s'ouvre toute grande, et c'est dans le scintillement des sabres sur lesquels joue le premier rayon du soleil, sous l'éclair que produit l'acier de la lame en glissant dans ses rainures, que s'achève une vie si glorieuse avec une fin plus glorieuse encore, n'est-on pas inscrit sur le livre du sang? Ne laisse-t-on pas un nom à la postérité?... C'est un héritage comme un autre, et plus d'une prostituée ne prononce qu'en tremblant le nom du guillotiné d'hier qui fut si longtemps son *homme*, qu'elle alla saluer d'un dernier adieu alors que, comme dans la chanson de Bruant,

> Il avait le cou dans la lunette,
> A la Roquette.

Mais si, comme la vertu, le crime a ses degrés, ceux de l'échafaud ne conviennent pas à toutes les natures. Ce n'est que poussé à la dernière extrémité que le souteneur assassinera; l'assommade, le coup du père François lui suffisent généralement. Que le bourgeois soit suffisamment étourdi pour qu'on puisse le dévaliser sans être importuné de ses réclamations bruyantes, cela leur suffit, on risque moins si on est pincé.

Des natures plus paisibles encore préfèrent employer le moyen du chantage; mais comment ne pas admirer la profonde connaissance du cœur humain chez celui-ci :

Sa maîtresse avait pour miché un homme riche mais avare; afin de l'engager à augmenter la pension mensuelle de la donzelle, M. *Mac* faisait feu de son style et adressait à la femme des déclarations brûlantes dans lesquelles il offrait un chiffre supérieur à celui fourni par l'entreteneur. La fille mettait la lettre sous le nez du Monsieur qui, à chaque présentation, augmentait sa pension. Ce petit jeu de hausse dura fort longtemps.

Le mariage n'interrompt pas les travaux dans la noble corporation. Le jour de ses noces, M. *Mac* fait un signe à la jeune épousée, et, pendant que les invités dégustent les liqueurs, elle bat son quart, fait un miché... et revient modestement à sa place au banquet.

Pour le souteneur, c'est évidemment la meilleure des institutions que le mariage; une fois légitime, il a plus de facilité pour protéger efficacement son épouse, si elle a à lutter contre les agents chargés de réprimer ses écarts. Cela fait si bien de s'écrier au moment propice : « C'est ma femme, Messieurs ! » et d'exhiber un certificat quelconque de mariage. La foule, toujours bête, prend parti contre le pauvre diable d'agent pour l'honnête souteneur et sa digne moitié, et c'est bien juste si la police se tire les grègues nettes de la colère du peuple. Madame, elle, s'en va triomphalement travailler à quelques pas de là.

Comme les pédérastes, les souteneurs, en tant que souteneurs, sont à l'abri des lois; je sais bien qu'on a créé récemment une loi dite des récidivistes qui, dans l'esprit des législateurs, devait combler une lacune. Malheureusement l'application en est fort scabreuse, et cette loi peut aussi bien servir à reléguer un simple voleur qu'à déporter un souteneur dangereux. Cette imperfection provient de ce qu'encore une fois, on a eu peur du mot et que le souteneur est désigné par l'euphémisme « vagabond », alors que le maquereau habile, hardi, n'est jamais un vagabond, mais beaucoup plus dangereux.

De même pour le chantage qui, jusqu'en 1863, ne tombait sous l'application d'aucune loi, on le considérait simplement comme une escroquerie.

La fille publique, insoumise, se livre assez fréquemment au petit exercice qui consiste à dire au patient : « Aboule, ou je dis tout ». Elle joue alors le petit jeu des lettres, l'arme principale des chanteurs et chanteuses. Si les victimes réfléchissaient au danger d'une correspondance aussi fréquente qu'échevelée, on verrait la consommation du papier diminuer considérablement !

Et encore, n'est vraiment victime que qui veut

bien l'être ! A-t-on besoin de répéter si fréquemment qu'un préfet de police est un confesseur qui vous remet non seulement vos péchés, mais encore vous fait remettre les lettres dans lesquelles vous avez eu l'imprudence de chanter les charmes de ces péchés. On peut donc dire à tous ceux que menacent les chanteurs : Allez-y sans crainte, et, vous savez, n'oubliez pas que la maison est au coin du quai !...

Je sais bien qu'on m'objectera qu'aujourd'hui on n'est plus sûr de rien avec la dangereuse manie qu'ont les gens d'écrire leurs mémoires. Manie dans laquelle s'est laissé glisser un de ces mêmes préfets de police. Que voulez-vous ! Il vaut encore mieux risquer d'être le héros anonyme d'une anecdote plus ou moins croustillante que de *casquer* très cher pour ne pas même recouvrer sa tranquillité.

Que si, par le plus grand des hasards (le truc est tellement éventé maintenant !), vous vous trouvez jamais en face d'un mari en fureur qui ne puisse calmer sa rage et réparer la brèche faite à son honneur qu'avec l'aide de votre signature apposée sur une valeur..., n'hésitez pas à crier au secours, sans crainte du scandale; le Monsieur vous priera de lui-même de vouloir bien vous retirer en silence.

Ce que la justice est impuissante à protéger, c'est la bêtise, et les jeunes gens, en général, en possèdent une dose considérable, surtout lorsque l'amour les tient.

C'est le fils d'un des plus riches manieurs d'argent de la fin de ce siècle qui ébaucha un suicide sur le paillasson d'une roulure fanée à l'époque, qui n'espérait certes pas ce regain de publicité.

Tous ne vont pas jusqu'à cette regrettable extrémité, ce dont ces dames seraient inconsolables; ils préfèrent se laisser gruger jusqu'au dernier sou de leur patrimoine... à venir.

Le truc est simple et à la portée de toutes les femmes galantes qui opèrent en ce genre.

Dresser le petit, lui inculquer les principes les plus secrets de la débauche n'est pas difficile, l'élève est si complaisant!

En renouvelant les leçons fréquemment, on

obtient un résultat satisfaisant; c'est cher le cachet, par exemple !...

Une fois abruti, le gaillard est mûr pour la besogne qu'on désire lui voir accomplir; la femelle a eu soin de lui faire contracter quelques dettes, déjà fort respectables (ce qui, en passant, est en contravention avec la loi, qui interdit les dettes aux mineurs); on fait d'autres achats, on emprunte. C'est si gentil d'acheter un tas de choses sans avoir recours à autre formalité qu'une signature !

Il en résulte une belle petite ruine pour le pauvre fils de famille réduit, à sa majorité, à payer cent fois le prix de ce qu'il a acheté ainsi étant mineur.

Ce que je ne le plains pas, celui-là ! Oh ! cela m'est tout à fait impossible; d'abord, comme dit la chanson :

Fallait pas qu'il y aille, c'est bien fait.

Tous les mineurs n'ayant pas la satisfaction d'un pareil professeur à s'offrir, il est juste que ceux qui mangent ainsi leur blé en herbe en apprennent un peu le prix.

Et puis, c'est si doux, si gai pour un philosophe de voir d'énormes sommes passer ainsi aux mains des usuriers et des filles !

En réfléchissant bien, vous n'admettrez pas non plus que de jeunes idiots aient gâché impunément leur temps, leur santé et leur intelligence, si faible soit-elle, sans que leur fortune ait eu aussi à en souffrir !

Pendant plusieurs années ces jeunes énervés se seront roulés sur une vieille paillasse qui leur prodigue ses dernières caresses, tandis qu'ils vagiront avec un accent convaincu :

— Quel temps ! Dans quel temps faut-il vivre, mon Dieu ! Il n'y a plus une femme honnête !

Et vous n'admettrez pas qu'ils payent de leur bonne galette le continuel défi qu'ils jettent ainsi aux femmes qui travaillent durement, gagnent péniblement leur pain quotidien ?

Allons donc ! Il n'est que trop juste que ce qui vient de ces jeunes désabusés qui disent Flûte ! à tout ce qu'il y a de sain s'en retourne chez les vieux tambours crevés sur lesquels ils se vautrent.

Et puis elle est si drôle la fille enrichie par ses nombreux travaux ! Son dernier poupon sevré, elle lâche le métier, ferme la boutique, met les volets, s'en-va-t-à la messe après avoir été en ville, adore l'église après avoir été adorée ; la voilà devenue *honnête femme!*

C'est un chef-d'œuvre d'Alexandre Dumas fils que sa réponse à la vieille grue qui lui reprochait d'avoir élevé la fille sur un piédestal, lui demandant ce qu'il pensait des femmes honnêtes.

L'écrivain la laissa longtemps dévider son chapelet. Lorsqu'il en eut assez, il s'approcha d'elle et, familièrement, lui tapant sur le ventre :

— As-tu fini ? lui cria-t-il.

La vieille en eut des larmes pleins les yeux. De rage, sans doute !

VI

Pourvoyeur et Pourvoyeuse.

Hélas! tout le monde ne fait pas fortune ici-bas et beaucoup de vieilles dames sont contraintes de rester dans les affaires jusqu'à un âge très avancé; il en est même qui meurent à la peine, et comme à notre époque tout est encombré, elles exercent leur profession, mettent leurs services à la disposition des deux sexes.

Vieillards en proie à de malsaines passions et blasés, en quête de fruit nouveau, grue affamée ou ayant un payement à faire et femme vicieuse cherchant à satisfaire son vice, tout ce monde se mêle, s'entre-croise dans ses relations, sur ses notes, sur ses livres. C'est dangereux pour elles et pour la clientèle, et plus d'une s'est vue perdue et beaucoup ont été compromis par l'amour de l'ordre qu'avait la proxénète.

Elles font concurrence aux hommes sur le terrain du proxénétisme masculin. Généralement ce sont des pourvoyeurs qu'emploient les pédérastes à la recherche d'un sujet; mais, comme elles ne sont pas dégoûtées, elles n'y regardent pas de si près.

Et toujours ou presque toujours elles opèrent comme la fille R..., joignant à leur clientèle active une clientèle de *voyeurs* dont la seule passion est de se repaître du spectacle offert par ceux qui viennent s'esbattre chez elle.

La fille vieillie, incapable désormais d'exercer pour son propre compte, est un des plus actifs agents de la prostitution. Son action démoralisatrice s'étend fort loin; rusée, souple, d'un esprit très délié, au courant de tous les trucs, douée d'une fertilité d'inventions diaboliques, elle a acquis toutes ces qualités pendant ses longues années de travail; aussi n'est-elle jamais en peine, doute-t-elle rarement du résultat. Elle s'en va raccrocher dans les magasins, pénètre dans les domiciles, parfois trompe si bien son monde qu'elle se glisse comme dame patronnesse dans les associations charitables.

Soyez calmes! elle n'est jamais à bout de ressources, et si le doute, le soupçon vient l'effleurer, elle a une dignité, une rigidité d'allure, qu'effrayé, l'affreux soupçon s'enfuit... jusqu'au jour où, se changeant en certitude, il conduit l'entremetteuse en Cour d'assises, avec accompagnement de victimes et de témoins fort marris de se retrouver en sa compagnie. Mais c'est rare! c'est bien rare. C'est trop rare!

Le pourvoyeur, lui, a un rôle plus modeste, une scène moins vaste; lui aussi est un ancien du vice, il a servi, et parfois sert encore; il est généralement valet de chambre au service d'un Jésus entretenu sur un pied considérable; il est aussi le domestique d'une rivette qui le charge de rabattre le gibier, de faire les premières tentatives, les premières propositions et de recevoir pour son maître les corrections que ne manquent pas de s'attirer ces individus quand ils tombent à faux. A part ces inconvénients, trop fréquents à leur gré, la situation est bonne; ils ont fréquemment un rôle dans l'orgie, une part dans les pourboires; lorsque la lassitude les prend d'être chez les autres ils s'établissent à leur compte, achètent un établissement qui prospère presque toujours entre leurs mains, la clientèle spéciale qui le fréquente ayant le vice généreux; et d'ailleurs, le pourvoyeur sait forcer la générosité qui ferait mine de se montrer rétive.

VII

Chansons.....

C'est du reste leur façon la plus commune de se procurer des ressources, que de forcer la générosité du client; la loi a un vilain mot pour définir cette façon d'opérer, elle appelle cela du *chantage*.

Tout pédéraste est un maître chanteur, quand il n'est que cela, ce qui suffirait à démontrer la pleine vérité de ce que nous avancions lorsque nous disions que la prostitution antiphysique est la plus dangereuse. A qui lui résiste, le pédéraste oppose des moyens de persuasion allant jusqu'aux coups et blessures, un assassinat même ne l'effraye pas, la toute récente affaire Kaps est là pour fournir la preuve.

Il est inutile, sans doute, de dire que l'intéressante victime voit diminuer l'intérêt qu'on peut lui porter lorsqu'on connaît dans ses détails le genre d'occupations auxquelles elle se livrait lorsqu'elle est tombée sous le couteau d'un assassin.

Je m'étonne même qu'on puisse trouver le moyen de plaindre ceux des pédérastes que leurs acolytes dépouillent.

Évidemment, qu'on les protège et qu'on les tire des griffes de leurs vampires lorsqu'ils viennent se plaindre au préfet de police des exactions dont ils sont victimes, cela n'est que justice, mais les plaindre en sus? Je ne puis m'y résoudre; aussi, quand je lis dans le livre de M. Carlier cette simple phrase : « Que de gens rejetteraient bien loin les premières sollicitations de la pédérastie s'ils savaient au début à quels tourments inévitables, à quels dangers, à quels périls ils s'exposent en y cédant! », la réflexion qui me vient est que M. Carlier est sans doute devenu très philosophe au continuel spectacle des turpitudes qu'il a pu voir se dérouler pendant l'exercice de ses fonctions; mais, encore novice à ce point de vue spécial, je juge seulement qu'il ne devrait pas être nécessaire de faire appel à la seule prudence pour éviter de tomber dans ce cloaque, et que de plus nobles sentiments peuvent et doivent garder intact de toute souillure l'honnête homme provoqué.

Les victimes ont si bien conscience de leur déchéance morale, que la plupart du temps elles préfèrent garder le silence que de réclamer la protection de l'autorité.

Ce en quoi elles auraient tort si, abjurant leur erreur, reniant leur passé honteux, elles consentaient à ne plus retomber dans le vice; mais c'est que presque toujours elles récidivent et n'en continuent pas moins de céder à leurs penchants !

Et pourtant que d'ennemis les guettent et parviennent toujours à les découvrir, malgré toutes les précautions prises ! Une fois pincés, c'est fini, leur vie tout entière sera empoisonnée par les chanteurs auxquels ils devront céder à toute réquisition; la fin, c'est le suicide, après avoir monté le calvaire jusqu'à la dernière station.

Ah! cependant, il existe de pauvres diables qui se trouvent dans un cas spécial et auxquels la force de caractère fait assez défaut pour qu'ils arrivent à se persuader qu'ils sont coupables et achètent le silence de misérables qui n'auraient rien à dire si on les mettait en demeure de parler. Les malheureux qui se trouvent dans cette pénible situation sont certainement à plaindre, d'autant plus que rien ne peut les tirer de là, puisqu'ils n'osent dénoncer leurs bourreaux.

Un commerçant parisien, à la suite d'un dîner par trop copieux, se trouva accosté par un gamin dont il ne comprit même pas exactement les immondes propositions. Au lieu de lui casser sa canne sur la figure, le malheureux eut le tort de vouloir faire s'expliquer le mauvais drôle; il n'en fallut pas davantage pour justifier la présence d'un soi-disant parent du *Jésus* qui cria bien haut, menaça bien fort le pauvre commerçant, qui se vit traîné sur les bancs de la cour d'assises

par le couple furieux. Le mieux, lui sembla-t-il, était de transiger ; il offrit son porte-monnaie en échange du silence du couple. Rentré chez lui, il se rassura en songeant qu'il en était quitte à bon compte, mais ce qu'il ne put définir, c'est la nature du délit qu'il avait bien pu commettre.

Quelque temps après, étant dans son magasin, il vit apparaître le parent de sa victime (?) Celui-ci, sous un prétexte quelconque, l'attira dehors et le menaça de tout révéler à sa famille s'il ne lui signait un engagement de lui verser une rente mensuelle. Le pauvre bougre s'exécuta... et paya exactement.

Il fallut que sa femme vînt à mourir pour que ce malheureux consentît à se plaindre à l'autorité du chantage dont il était victime depuis de longues années ; bien entendu, les deux voyous furent condamnés.

Le chanteur prend parfois la qualification d'agent des mœurs et menace sa victime de le conduire au Dépôt. On prend une voiture, et en route on s'explique.

Le *petit Jésus* avoue tout ce qu'on veut; il pleure, il demande grâce. Le faux agent s'humanise, dit qu'il est désolé d'avoir à incarcérer un homme *si bien*, mais que *son devoir!*... Il laisse à entendre qu'on pourrait s'entendre; la chaîne, la montre, les bijoux et le porte-monnaie du Monsieur *si bien* passent dans les poches de l'agent pitoyable et l'affaire est terminée. La plus grande surprise pour la victime qui consent à subir les conséquences de son méfait est de voir, aux approches du Dépôt, l'agent et son complice détaler rapides comme des flèches... Dame! l'air du Dépôt n'est pas sain pour ces messieurs.

Le plus joli est que le chanteur trouve parfois un chanteur plus malin qui lui fait à son tour vocaliser l'air fameux de

<blockquote>Passe la braise .. ou j'casse du sucro.</blockquote>

L'autre emploie les mêmes moyens que lui et arrive au même résultat, tant est forte la peur imbécile sur ces natures... et encore eux ont-ils à se reprocher quelques méfaits!

Il y en eut un fameux qui allait jusqu'à jouer le rôle de commissaire et se rendait à domicile encore !

Il avait organisé une bande composée d'un raccrocheur et de deux acolytes qui servaient sous ses ordres et passaient pour des agents. Lorsque le raccrocheur avait levé un client il s'arrangeait de façon à être introduit dans son domicile ; une fois installé... le commissaire de police arrivait et constatait le détournement de mineur ; il perquisitionnait et s'emparait des bijoux, des valeurs, de la correspondance ; le raccrocheur criait miséricorde, le raccroché demandait grâce ; le commissaire finissait par s'attendrir et tirait encore de la victime une somme ronde. Les papiers lui servaient à faire chanter à nouveau le pédéraste surpris.

La chose fut montée sur un pied plus large, le truc étant productif : on agença un bureau, et souvent on y amenait d'involontaires clients ; comme, bien entendu, le pseudo-commissaire était pédéraste, lorsqu'un sujet lui plaisait, il ne faisait aucune difficulté pour se l'offrir !

Il est un genre de chantage exploité par ces immondes voyous qui est dit au *saute-dessus*; il est simple à pratiquer et s'exécute sans complice. Le pédéraste attire dans un endroit retiré l'individu qui a cédé à ses propositions; lorsque le couple est isolé, le *Jésus* se fait menaçant, exige un prix exorbitant de ses complaisances, exhibe une arme. La victime, toute tremblante, est dépouillée en un tour de main et... c'est fait! On voit qu'il suffit de l'audace ordinaire des malfaiteurs pour obtenir le résultat désiré.

Si celui qu'il a réussi à attirer dans un guet-apens fait mine de résister, le pédéraste n'hésitera pas à se servir de son arme; le chantage devient alors une attaque nocturne; il est vrai de dire que le nom qu'on lui donne importe peu à l'assassin.

Évidemment, encore une fois, il est terrible de penser qu'un individu, attiré dans un piège semblable, peut y succomber; mais que diable va-t-i faire dans les coins sombres? Le mieux ne serait-il pas d'accueillir l'ignoble personnage à coups de canne, même de revolver, dût-on le

laisser sur le carreau? La peau d'un semblable individu ne vaut pas même la balle qui la lui troue. Alors à quoi bon faire de la philanthropie hors de propos?

Les bandits ne reculent devant rien, eux, et vont jusqu'à l'assassinat. Ce ne sont pas des pédérastes au point de vue pathologique du mot, ils n'exercent l'antiphysisme que par occasion, ils sont souteneurs de filles, chanteurs, voleurs; la pédérastie n'est pas une passion pour eux, ce n'est qu'un moyen d'attirer les victimes et de les dépouiller à leur aise.

Il est des chanteurs qui mûrissent longuement une affaire, dressent leurs batteries avec patience, n'agissent que lorsqu'ils ont entre les mains tous les éléments nécessaires à la réussite de leurs plans. Lorsqu'ils ont visé une victime, ils prennent leur temps et ne tirent qu'à coup sûr, et plus le temps aura été long, plus forte sera la somme qu'ils exigeront.

Le vol est le moyen le plus fréquent qu'ils emploient pour se procurer des documents destinés à faire chanter le personnage qu'ils guettent.

Comme nous l'avons dit, le pédéraste est toujours un voleur: bijoux, valeurs, correspondance, tout lui est bon. Les bijoux, les valeurs servent à faire de l'argent nécessaire aux excessives dépenses auxquelles ils se livrent. Les correspondances s'échangent entre confrères, finissent par constituer un dossier, le dossier qui servira à extorquer de l'argent à celui à qui on a soustrait les pièces qui le composent.

Les documents réunis, il faut s'en servir, et pour cela chercher le point faible de la place qu'on veut attaquer; on s'adresse pour cela à une sorte d'agents d'affaires affiliés à la corporation et doués de l'intelligence nécessaire pour mener la besogne à bien.

En cela ils sont aidés par les victimes elles-mêmes qui, sans pudeur, écrivent et signent des lettres suffisamment compromettantes pour que la divulgation puisse menacer leur situation sociale.

Ici encore nous pourrions appuyer de preuves convaincantes l'étude de ce genre de chantage, mais, vraiment, l'écœurement nous vient à trop parler de cette secte dégoûtante; nous préférons nous en tenir là et clore ce chapitre en émettant le vœu que ce genre de prostitution, s'il est impossible de le faire disparaître complètement, soit tellement traqué qu'il s'amoindrisse considérablement, au lieu de croître et enlaidir comme il le fait depuis quelques années.

VIII

Rafles et descentes.

Le vice mène généralement ses pratiquantes...
à Saint-Lazare, plus encore qu'à la fortune. Ces
dames sont admises à faire valoir leurs droits
d'entrée à cette maison de retraite, lorsqu'on
les pince en flagrant délit d'inobservation des
règlements, lorsqu'elles ont contracté une maladie contagieuse, lorsqu'une rafle a lieu pour
dégager un instant les trottoirs encombrés.

L'arrestation d'une fille dans l'exercice de ses
fonctions ne laisse pas de présenter de sérieuses
difficultés : généralement son souteneur arrive

à la rescousse accompagné du plus grand nombre de compères qu'il peut entraîner; on livre bataille parfois, et la force reste quelquefois à la prostitution armée qui n'hésite pas à jouer du couteau, tandis que les agents ont la consigne sévère de ne se servir de leurs armes... que quand ils sont hors d'état d'en faire usage.

Lorsque la travailleuse a reçu dans la mêlée de chaque soir une blessure qui la met pour quelque temps hors de combat, on la garde à la visite et on l'expédie au Dépôt, de là à Saint-Lazare où elle recevra tous les soins que nécessite son état.

La rafle offre un certain intérêt au promeneur que le hasard amène dans l'endroit où elle a lieu.

Les rues transversales de la voie où on va opérer sont gardées par des agents; on établit ainsi une sorte de filet dont les mailles ne laisseront rien échapper; à un signal les agents se mettent en chasse en arrêtent le plus qu'ils peuvent; puis elles sont conduites au poste le plus voisin pour y attendre leur transfèrement à Saint-Lazare.

Mais tout cela ne s'opère pas sans cris, bousculades, parfois échange de coups, le badaud prenant parti pour la fille contre l'agent.

On opère aujourd'hui autrement : on procède par épuration partielle, cela passe inaperçu, sans tapage.

La rafle n'est pas faite que pour les filles : on en offre aussi les bénéfices à MM. les souteneurs et leurs amis, !es pédérastes.

Récemment on fit une descente dans un établissement de bains signalé ; on ramena à la surface des baignoires une vingtaine de *rivettes*, *tantes*, etc., qu'on emmena entre deux haies de sergents de ville.

On avait nettoyé quelque temps auparavant la berge d'Auteuil encombrée de bonneteurs.

Ne pourrait-on débarrasser les promeneurs du bois de Boulogne de la présence de tous les souteneurs qui encombrent les allées du Bois les jours de courses ? Outre qu'ils dépouillent un peu trop brusquement les gogos, ils offrent un danger réel pour les femmes et les enfants qui profitent des premières journées ensoleillées pour venir respirer.

Décrire la vie des filles à Saint-Lazare, d'autres l'ont fait et bien fait ; de plus, nous n'écrivons pas l'histoire des prisons, mais celle du vice.

Nous voilà donc forcés de parler du vice en prison, là où il est le plus surveillé, là où il se développe avec d'autant plus de force qu'on cherche davantage à le réprimer.

IX

Le vice en prison.

Nous laissons de côté la Maison centrale, où les détenues accomplissent leur peine en cellule, dans un silence mortel, sous la continuelle menace de peines sévères à la moindre infraction. Le vice y fleurit certainement, mais ne peut se développer, et, d'ailleurs, il s'y trouve peu de prostituées

La prostituée, recluse, si elle s'adonnait avant son emprisonnement au vice lesbien, fait des élèves autour d'elle, recrute des adeptes à la religion de Lesbos. Si elle est habile (nous ne disons pas si on la laisse faire), elle parviendra en peu de temps à empoisonner tout son entourage, à faire partager à presque toutes ses compagnes sa passion dominante. Elle connaît tous les trucs, emploie tous les moyens de correspondance possibles et imaginables; dans la méditation forcée à laquelle la plie le règlement, elle s'évertue à découvrir de nouvelles façons de déjouer la surveillance des gardiens ou gardiennes. La nuit venue, si elle couche en dortoirs, elle saura se glisser, passer inaperçue de son lit au lit d'une amie... Les passions conçues dans cette réclusion atteignent un paroxysme effrayant, se dénouent dans des scènes de sauvagerie inconcevable.

Et cependant on constate que le vice féminin développe une jalousie moins féroce encore que le vice masculin.

Dans les prisons où les détenus ne sont pas soumis au régime cellulaire, la pédérastie, malgré la surveillance, se développe comme la tribadie, avec plus de violence encore peut-être.

Certes, les étranges liaisons qui se nouent en

ces endroits sont difficiles à entretenir, mais cette difficulté ne fait qu'accroître la passion du pédéraste. La jalousie qui naît de ces passions est particulière ; le ménage se surveille constamment et l'intrusion d'un tiers est repoussée désespérément. Parfois il arrive que l'un de ces misérables, pris d'une sorte de folie meurtrière, se jette sur un de ses compagnons, un gardien ; on peut être certain que les drames des prisons ont pour cause une passion contrariée, un amour trahi.....

Il se produit quelquefois ce cas spécial, qu'au milieu de ces êtres abjects se trouve une intelligence corrompue, une supériorité pervertie ; tous reconnaissent alors pour leur chef indiscuté celui qui possède cette intelligence, cette supériorité ; la bande qu'il dirige lui est dévouée, fidèle ; rarement une défection se produit, et elle est presque aussitôt punie par ceux des membres restés attachés à leur chef.

X

Au Lecteur.

Nous terminerons ce défilé de l'armée du vice sans parler plus qu'il ne convient de ce qui se passe derrière les portes closes, les volets tirés. Si la maison de tolérance peut être décrite, on ne peut en faire autant pour certains établissements qui, bien que très connus d'une nombreuse clientèle, ne sont cependant pas publics, dans le sens que l'on applique généralement à ce mot.

Mais comme nous n'avons nullement l'intention d'écrire des ouvrages scandaleux, nous nous abstenons, non sans regretter un peu de ne pouvoir tout dire, de citer tel fait, de nommer tel personnage, ce qui donnerait à notre étude un plus haut goût, un plus vif relief, mais nous mènerait aussi plus loin que nous ne voulons aller.

Espérons que notre discrétion nous sera comptée et qu'on ne voudra bien voir en ces pages que ce que nous avons voulu y mettre; une étude complémentaire de l'*Amour à Paris,* ce qui expliquera aussi au lecteur pourquoi nous n'avons pas parlé ici des restaurants de nuit, des concerts et des théâtres, et cependant ces champs sont vastes et on y pourrait glaner de jolies anecdotes!...

Nous aurions voulu aussi donner au lecteur un chapitre concernant les historiens de l'*Armée du Vice,* nous avouons avoir reculé devant, non par le travail, mais ses conséquences : nous accumulions de ce fait les haines, les injures, et le peu que nous en avons dit dans l'*Amour à Paris* nous donne à croire que cette fois nous n'aurions certainement pas échappé aux vengeances de ceux dont le nom serait venu au bout de notre plume.

Il en est de cela comme de beaucoup d'autres choses que l'on hésite à divulguer non seulement pour les risques personnels que l'on pourrait courir, mais aussi pour éviter de compromettre d'autres personnes qui préfèrent souffrir silencieusement que d'être les héros d'un scandale.

Tout cela explique au lecteur pourquoi nous nous sommes toujours tenus dans les généralités en ne citant que des cas déjà notés, en ne prêtant que le moins possible le flanc aux attaques qui ne peuvent manquer de se produire lorsqu'on touche à ce sujet qui intéresse tant d'individus : le vice.

De même que nous regretterons volontiers avec celui qui n'aura pas trouvé dans ce petit livre ce qu'il espérait y découvrir, — les 3 fr. 50 qu'il aura déboursés pour acquérir un travail documentaire sans prétentions, ni philosophiques, ni statistiques, —mais, nous l'espérons, simplement instructif et intéressant

S'il en est, parmi nos lecteurs, qui nous reprochent d'avoir agrémenté le texte de dessins...

croustillants, nous devrons encore avouer qu'en cela nous sommes en conformité de goûts avec l'éditeur et la grande majorité du public, dont la préférence s'affirme chaque jour pour les ouvrages illustrés.

TABLE DES MATIÈRES

Un mot. VII
Plaidoyer pornographe. XIII

PREMIÈRE PARTIE

I

Ces Dames. — Protecteurs et Protecteurs. — Splendeur et misère. 1

II

Les proxenètes. — Les Mémoires d'un vieil abonné. — Un lancement. 17

III

La caserne. — La remonte. 45

IV

Scènes d'intérieur. 53

V

Au travail. — A l'hôtel. — A l'église. — En omnibus. — Une veuve. — Fruit vert. — L'abandonnée. 79

VI

La chasse aux clients. — Les terrains. — L'Ouvroir des filles repenties. — En référé. 89

VII

Des goûts et des couleurs.. 97

VIII

De la grandeur à la décadence. 109

IX

L'étrange et l'étranger. — Repeuplons! repeuplons! . . 117

DEUXIÈME PARTIE

I

Lesbos et ses prêtresses. 123

II

Sodome et ses prêtres.. 133

III

Détails intimes.. 141

IV

Souteneurs et souteneurs. 157

V

Qui va du souteneur en débine à la fille veinarde. . . . 163

VI
Pourvoyeur et pourvoyeuse. 179

VII
Chansons. 183

VIII
Râfles et descentes 199

IX
Le vice en prison. 205

X
Au Lecteur. 209

EN VENTE A LA MÊME LIBRAIRIE

JULES DAVRAY

L'AMOUR A PARIS

Un vol. illustré par L. Vallet et José Roy, prix.   3 50

EN PRÉPARATION

HISTOIRE GALANTE DU XIXᵉ SIÈCLE

*Intrigues amoureuses, Épisodes burlesques
sur le siècle qui finit*

Sera publié en livraison à. 0 10

FRÉDÉRIC D'ARGENTHAL

LES TROIS PUCELLES

Roman comique et grivois

Nombreuses Illustrations de ROB-ROY

(Épisode de la vie du Marquis de Sade)

Prix . . . .   1 fr. (franco)

JACQUES SOUFFRANCE

LE COUVENT DE GOMORRHE

Un beau vol. in-18 illustré, prix. 3 50

Ces volumes sont envoyés franco contre **Un franc**
en mandat-poste.

Paris. — Imp. G. Robineau, 20, rue N.-D.-des-Victoires.

www.ingramcontent.com/pod-product-compliance
Lightning Source LLC
Chambersburg PA
CBHW060132170426
43198CB00010B/1131